劣化するオッサン社会の処方箋

なぜ一流は三流に牛耳られるのか

山口周

光文社新書

目　次

はじめに――本書におけるオッサンの定義

本論に入る前に、本書における「オッサン」の定義を明確にしておきたいと思います。というのも、「オッサン」という言葉のもとになっている一般名詞「オジサン」が、中高年の男性を指す一般名詞である以上、これらすべての人を十把一絡げにして議論するのはさすがに無理があると思うからです。

つまり、本書で用いる「オッサン」という用語は、単に年代と性別という人口動態的な要素で規定される人々の一群ではなく、**ある種の行動様式・思考様式を持った「特定の人物像」として定義される、**ということです。しかして、その「特定の人物像(*)」とは次のようなものです。

1：古い価値観に凝り固まり、新しい価値観を拒否する
2：過去の成功体験に執着し、既得権益を手放さない
3：階層序列の意識が強く、目上の者に媚び、目下の者を軽く見る
4：よそ者や異質なものに不寛容で、排他的

＊この人物像の定義はNewsPicksの記事「さよなら、おっさん社会」をもとに、筆者が加筆・修正したものを用いています。

上記をお読みいただければすぐにわかるとおり、中高年の男性として分類される人であっても、この「人物像」に該当しない人は数多く存在します。これを逆にいえば、いわゆる「オジサン」に該当しない年代の人であっても「オッサン化」している人がいくらでも見つけられるということでもあります。

したがって、本書が以降のページで考察の対象とするのは、あくまでも、このような**傍若無人な振る舞いをして自らを省みることのない人々**であり、その内容は必ずしも**「中高年の男性＝オジサン」全体に適用されるものではない、**ということをここに断っておきます。

青春とは人生の或る期間を言うのではなく、心のありさまを言う。優れた創造力、逞しき意志、炎ゆる情熱、怯えをしりぞける勇気、安易を振り捨てる冒険心、これを青春と言う。

年を重ねただけで人は老いない。理想を失う時に初めて人は老いる。

サミュエル・ウルマン「青春」

第1章　なぜオッサンは劣化したのか

——失われた「大きなモノガタリ」

最近の古いもんはどうなっているのか

「最近の若いもんはなっていない」という嘆きは古代の頃から延々と囁かれていたようで、エジプトの遺跡にも同様の落書きが刻まれている、という話を以前に読んだことがあります。もし本当に、古代以来、連綿と「若者の劣化」が続いていたのだとすれば、現在の若者のレベルは悲惨なほどの低水準にまで落ち込んでいるはずなのですが、もちろん、実際にはそのようなことにはまったくなっていません。

ということで、このような嘆きは、いつの時代にあっても、その社会の「古いもん」からすると、若者というのは不謹慎で心もとないように見えるものだ、ということなのでしょう。

ところが昨今の日本においては、上記の嘆きとはまったく反対のことが、いろいろなところで囁かれています。それはすなわち、

「最近の古いもんはいったいどうなっているのか」

という嘆きです。

皆さんもよくご存知のとおり、昨今の日本では、50歳を超えるような、いわゆる「いい年をしたオッサン」による不祥事が後を絶ちません。

例を挙げていけばキリがないので、ここではこの１年ほどのあいだに起きた「オッサンの劣化」を象徴的に示す不祥事を確認するにとどめます。

・日大アメフト部監督による暴行指示と事件発覚後の雲隠れ
・財務省事務次官や狛江市市長などの高位役職者によるセクハラ
・神戸市や横浜市の教育委員会等によるいじめ調査結果の隠蔽
・財務省による森友・加計問題に関する情報の改竄・隠蔽
・大手メーカーによる度重なる偽装・粉飾・改竄
・日本ボクシング連盟会長による助成金の不正流用や暴力団との交際

これらの社会的事件のほかにも、「オッサンの劣化」を示す小事件は枚挙にいとまがありません。例えば、各種メディアの報じるところによると、駅や空港、病院などの公共の場で、ささいなことに激昂して暴れたり騒いだりするオッサンが後を絶たない。

民営鉄道協会が発表している平成27年度に発生した駅係員・乗務員への暴力行為に関する調査集計結果によると、加害者の年齢構成は、六十代以上が188件（23・8％）と最多で、これに五十代による153件（19・3％）が続いている一方、一般に感情のコントロールが上手にできないと考えられがちな「若いもん」、つまり二十代以下の数値は127件（16・0％）となっていて全年代でもっとも少ない（平成28～29年度も、六十代以上が最多という傾向は変わらず）。

本来、社会常識やマナーの模範となるべき中高年が、些細なことで激昂して暴れているわけで、まったくこの世代の人たちの人間的成熟はどうなっているのだろうかと考えさせられます。

同様の傾向は、ほかの交通機関・公共機関でも見られます。少し古い記事ですが日本経済新聞による報道を抜粋してみましょう。

「1席くらい空きがあるだろう。なぜ乗せないんだ！」。今年3月、羽田空港の国際線ターミナルで怒声が響いた。航空会社のカウンターで中年の男性が激高し、カウンターの壁を蹴って損傷させた。男性は予定より早く空港に到着したため早い便への変更を求めたが、あいにく満席だった。「残念ながら席がございません」と謝る空港職員に腹を立てた末の蛮行。結局、この男性は10万円近い修繕費を支払う羽目になった。

機内での迷惑行為の加害者も「圧倒的に中高年男性が多い」（日本航空お客さまサポートセンター）。04年の航空法改正では迷惑行為をする悪質な乗客には罰則が科されるようになった。トラブルで多いのが化粧室内での喫煙や携帯電話の使用。大半の乗客は客室乗務員が注意をすると素直に従うが、指示に従わず「うるさい」とキレる客もいる。

病院でも、中高年男性によるトラブルが増えている。「指示に従って入院しているのになんで治らないんだ」。都内の大手病院に乳がんの疑いで入院した患者の夫（50代）は回復しない妻の容体にイライラを募らせ、担当医と看護師に怒りを爆発させた。医師が病状を説明しても納得せず、次第にエスカレート。２時間以上も医師と看護師を拘束し大声で怒鳴り続けるなど、常軌を逸した行動を取った。

日本経済新聞夕刊（２０１１年11月30日）

春秋時代に活躍した中国の思想家、孔子は『論語』のなかで自らの人生を振り返り、五十代・六十代について「五十にして天命を知る、六十にして耳順《したが》う」と書き残しています。

これはすなわち、五十代では自らが果たすべき社会的な使命を認識し、六十代ではどんな意見にも素直に耳を傾けられるようになったという意味です。一方で現代の日本に目を転じてみれば、私たちの社会の五十代・六十代のオッサンたちは、社会的使命を認識するどころではなく、まるで幼児のように些細なことにキレて暴れまわっているわけです。この人たちが人間的に成熟するのは、いったいいつなのでしょうか。

没落してゆく民族がまず最初に失うものは節度である。

シュティフター『水晶』

なぜオッサンは劣化したのか

そもそも、なぜここまで「オッサン」は劣化してしまったのでしょうか。

こういう世代論は実証的な検証が難しく、最後には不毛な「そう思う」「そう思わない」という水掛け論になることが多いので個人的にはあまりそそられないのですが、筆者が一点だけ、以前からどこかでちゃんと考えなければいけないと感じているのが、**現在の五十代・六十代の「オッサン」たちは、「大きなモノガタリ」の喪失以前に社会適応してしまった「最後の世代」**だという点です。

次ページの図1を見てください。これは横軸に戦後から現在までの「年代」を、縦軸に二十代から六十代までの「世代」をとり、各世代の人々が、各年代においてどのような社会的立場で過ごしてきたかをまとめたものです。

もちろん、個別企業・個人の状況は千差万別なので、あくまでも全体的な傾向ということで大きなストーリーをつかみ取ってもらえればと思います。

同図を見てまずわかるのは、図中においてグレーで強調されている世代、つまり戦後の復興と高度経済成長を支えたリーダーたちは、まさに**「大きなモノガタリ」つまり「いい学校を卒業して大企業に就職すれば、一生豊かで幸福に暮らせる」という昭和後期の幻想**の形成とともにキャリアの階段を上り、「大きなモノガタリ」の終焉とともに、社会の表舞台から退いていった、ということです。

現在でも多くの関連書籍が出版され続ける田中角栄、盛田昭夫、本田宗一郎といった昭和期のリーダーのほとんどすべてが、このセルに含まれているという点は、重大ななにかを示

1980年代	1990年代	2000年代	2010年代
	新しいモノガタリ＝常に右肩下がりの時代		
知的真空世代	実学世代		
プラザ合意、バブル景気の到来	バブル崩壊、大手企業の相次ぐ破綻	デジタル革命、グローバル資本主義の進行	新興国の台頭、デジタル革命のさらなる進展
行政や組織のトップとしてバブルを誘引	行政や組織のトップとしてバブルの後始末に奔走	行政や組織のトップとしてデジタル化、グローバル化に対応	行政や組織のトップとしてデジタル化、グローバル化に対応
バブル経済下で組織をリード、バブル過熱を招く	組織のリーダーとしてバブルの後始末に奔走	リーダー格としてグローバル化、デジタル革命に対応	リーダー格としてグローバル化、デジタル革命に対応
バブル期を初級管理職として経験	バブルの後始末を行うリーダーの右腕として活躍	リーダーの右腕としてグローバル化、デジタル革命に対応	リーダーの右腕としてグローバル化、デジタル革命に対応
バブル期を現場の中核として経験	現場の中核としてバブルの後処理を経験	現場の中核としてグローバル化、デジタル革命に対応	現場の中核としてグローバル化、デジタル革命に対応
バブル期を若手社員として経験	就職氷河期に入社	20代としてデジタル革命を経験	20代としてデジタル革命を経験

過ごしてきたか

唆していると思います。

一方で、現在の「劣化したオッサン」についてはどうでしょうか。

現在六十代の人は１９７０年代に、現在五十代の人は１９８０年代に社会人となり、それぞれの二十代・三十代をバブルの上昇景気がとどまるところを知らないと思われた80年代、つまり「大きなモノガタリ」が、長い坂の上にまだ存在していると思われていた「最後の時期」に過ごしています。

昭和の高度経済成長を支えた一流のリーダーたちが、二十代・三十代を戦後の復興と高度経済成長のなかで過ごしたのに対して、現在の「劣化したオ

年代	1950年代	1960年代	1970年代
モノガタリ		**大きなモノガタリ**＝常に右肩上がりの時代	
知的水準		**教養世代**	
時代	戦後の混乱期、焼け野原からの復興	高度経済成長期、国際化の推進	高度経済成長の鈍化、オイルショック
60歳代	多くはパージで追放され、社会的な立場を与えられず（松下幸之助）	一部は行政や組織のトップとして君臨するものの、多くは引退	行政や組織のトップとしてオイルショック、国際化に対応
50歳代	復興・起業を主導的な立場でリード（白洲次郎）	高度経済成長をリーダーとして牽引	リーダーとして経済成長の鈍化とオイルショックに対応
40歳代	復興を主導的な立場でリード（本田宗一郎、立石一真）	高度経済成長を主導	リーダーの右腕としてオイルショックに対応
30歳代	復興を主導するリーダーを補佐する右腕として活躍（盛田昭夫、中内功、田中角栄）	現場の中核として高度経済成長を経験	現場の中核としてオイルショックを経験
20歳代	復興を現場で支援（稲盛和夫、江副浩正）	高度経済成長を現場で底支え	現場としてオイルショックを経験

図１　各世代の人々が、各年代において、どのような社会的立場で

ッサン」たちは、同じ年代をバブル景気の社会システム幻想、つまり**「会社や社会が示すシステムに乗っかってさえいれば、豊かで幸福な人生が送れる」という幻想**のなかで過ごしてきたのです。これは人格形成に決定的な影響を与えたと思います。

二十代の経験の重要性

二十代の経験や考え方が人生にどのように影響を与えるのか、という問題については様々な研究がありますが、ここでは最近大きな脚光を浴びた臨床心理学者のメグ・ジェイの主張を取り上げてみましょう。

メグ・ジェイは、新刊『The Defining Decade: Why Your Twenties Matter and How to Make the Most of Them Now』やTEDの講演などで、二十代は、「Defining Decade」、つまり「人生を決定付ける10年間だ」と指摘しています。

大学卒業後のこの時期は非常に重要な期間であり、その後のキャリアを形成するための知識やネットワークの構築、マインドセット（考え方の枠組み）の書き換えなど、言うならば、「人生を生きるためのOS」を作る時期に当たる、というのがメグ・ジェイの主張の骨子です。

この貴重な二十代を、バブル景気に浮かれる世の中で「会社の言うとおりにやっていれば金持ちになって別荘くらいは持てるさ」という気分のなかで過ごしてしまったことは不幸だったとしか言いようがありません。

現在、いろんなところで「劣化したオッサン」に関する議論が行われていますが、その大勢はそれらの「オッサン」個人に劣化の要因を帰するものです。

しかし、「大きなモノガタリ」の喪失前に二十代という「社会や人生に向き合う基本態度＝人格のOSを確立する重要な時期」を過ごしたのちに、社会からそれを反故《ほご》にされた世代なのだということを考えれば、彼らが社会や会社に対して「約束が違う」という恨みを抱えたとしてもおかしくはありません。

まだ間に合うときに、だれもきみの肩をつかんではくれなかった。いまや、君が形づくられた粘土は乾き、固くなってしまった。こんご、きみのうちなる何者も、おそらくは最初きみに宿っていたはずの、眠れる音楽家、詩人、あるいは天文学者をめざめさせることはできないだろう。

サン＝テグジュペリ『人間の土地』

教養世代と実学世代のはざま

加えて指摘しておきたいのが、２０１８年時点で五十代・六十代となっているオッサンたちは、70年代に絶滅した「教養世代」と、90年代以降に勃興した「実学世代」のはざまに発生した「知的真空の時代」に若手時代を過ごしてしまった、という点です。

教養世代というのも奇体な言葉ですが、平たくいえば「教養の習得に価値を置く世代」ということになるでしょうか。社会学者の竹内洋は著書『教養主義の没落』のカバーのソデに次のように書いています。

一九七〇年前後まで、教養主義はキャンパスの規範的文化であった。それは、そのまま社会人になったあとまで、常識としてゆきわたっていた。人格形成や社会改良のための読書による教養主義は、なぜ学生たちを魅了したのだろうか。

竹内洋『教養主義の没落』

筆者は1970年生まれなので、この時期にどのような空気が大学キャンパスを支配していたのかはよくわかりませんが、同書に掲載されている京都大学での調査を抜粋すると、次のような具合だったようです。

教養書を平均月に何冊読むかというアンケートがなされた。教養書というような言葉がそのままアンケート調査の質問に使われること自体が教養主義の存在を直截《ちょくせつ》に示しているのだが、アンケートによると、一〇日に一冊は教養書を読んでいることがわかる。

ほとんど読んでいないと答えたものは一・八パーセントにすぎなかった。

竹内洋『教養主義の没落』

ほとんどの学生が教養書を日常的に読んでいるというのは、今日の状況からは想像できませんが、この価値観は急速に失われて、70年代の半ばから80年代にかけ、学生はどんどんバカになっていきます。

その現象を象徴的に示す言葉として、当時マスコミで盛んに揶揄されたのが「大学のレジャーランド化」という表現でした。

レジャーランドという言葉が大学の状況を示す文脈ではじめて用いられたのは1985年の朝日新聞の記事であり、1986年刊行の『現代用語の基礎知識』では「レジャーランド」の項目に、はじめて「①娯楽や遊びの施設がある所。②遊び学生が遊んで過ごす今日の大学」という説明が記載されます。

ここにきて「教養世代」は絶滅し、90年代以降の「実学世代」の黎明《れいめい》までの10年間を「知的真空」の状況が継続することになります。

「教養世代」に対置される「実学世代」というのは、「実学の習得に価値を置く世代」ということになります。平たくいえば経営学や会計などの「手っ取り早く年収を上げるための学問」を重視する世代ということです。

今日では日本最大規模となったビジネススクールであるグロービス・マネジメント・スクールが設立されたのは92年のことで、これ以降、大学をはじめとした教育機関で実学重視へのシフトが急速に進むことになります。

このような価値観が学生のあいだで支配的になった理由は容易に想像できます。ソコソコの大学を出てソコソコの会社に入ってソコソコに頑張っていればお金持ちになって幸せになる、という昭和の「大きなモノガタリ」が喪失されたあと、社会で支配的になった「新しいモノガタリ」が「グローバル資本主義」でした。

あらゆる国のあらゆる産業が世界中の競争相手と戦い、ごく一部の強者だけが勝ち残り、残りすべては敗者となって社会の底辺に沈んでいく、という過酷な「モノガタリ」です。

筆者自身は、この「モノガタリ」自体をあまり信用していないのですが、当時の状況を考えれば、銀行を筆頭に「ツブれるはずがない」と考えられていた多くの大企業が次々と破綻に追い込まれ、「大きなモノガタリ」のなかで安穏と暮らしていた中高年が路頭で途方に暮れているさまを目の当たりにしているわけで、このような「新しいモノガタリ」が強烈な原体験として刷り込まれたであろうことは容易に想像ができます。

教養世代が退場したあとの世界

さて、これらの世代移行、つまり「教養世代→知的真空世代→実学世代」を社会システムへの反抗と適応という観点から考察してみましょう。

一般に教養エリート文化は、社会システムを維持・継続するための尖兵として生み出されるか、その対抗軸となるレジスタンスとして生み出されるかのどちらかです。

前者の典型例は、英国のパブリックスクールおよびオックスフォード、ケンブリッジなどの一流大学ということになります。これらの学校には中流階級以上の子弟が集まり、伝統的な貴族文化やジェントルマンシップの再生産が連綿と続くことになります。

一方で日本はどうであったかというと、むしろその逆でした。

高度経済成長以降、影響力をいや増す大企業と政府（＝自民党）に対抗する運動として、教養主義は影響力を発揮しました。なかでもマルクスに依拠した教養主義にはその側面が強かったといえます。つまり、**１９５０年代から70年代までの「教養世代」は、「大きなモノ**

ガタリへの反抗」という側面が強かった。

ところが、この「大きなモノガタリ」は、70年代の後半にいたってどんどん肥大化し、そのモノガタリに適応した人たちに対して経済的な便益、それも「ウソだろ！」と言いたくなるようなレベルの便益を与えてくれるようになります。

こうなってくると、「大きなモノガタリ」に対して批判的な構えをとっていた教養主義は人をつなぎ止められなくなっていきます。

それはそうでしょう、やせ我慢をしてストイックに知的修養と思索を続けたところで、「大きなモノガタリ」に身も蓋もなくうまく乗ってしまった人の方がずっと大きな「お金」を享受できるのですから。この時期に教養主義が急速に廃れていったことは当然といえば当然のことでした。

『構造と力』はなぜベストセラーになったのか

ポスト構造主義に関する書籍である浅田彰の『構造と力』が出版されたのは1983年のことで、これがベストセラーになったことから、80年代にも教養主義は続いていたんじゃないかという考え方をする方もいるかも知れません。しかし、これはまったく逆で、そもそもベストセラーになったという事実そのものが教養主義の終焉を示しています。読めばすぐにわかることですが、浅田彰のこの本は、いわば教養主義の死亡宣告書であり、だからこそ頻繁に「シラケる」という言葉が用いられている。

哲学や思想というのは、平たくいえば「システムを批判的に思考する技術」です。システムがこれほどまでに強力に、そこに依拠する人の便益と幸福を保証するものになってしまった以上、教養主義も哲学も思想ももはや死ぬしかない、それをわかった上で思想の解説を書いている私は、シラけながらこれを書かざるを得なかった、ということです。

教養主義が現実的な効力を発揮する武器としての力を失ったからこそ、床の間に飾られる人畜無害な飾り刀のような玩弄物《がんろうぶつ》としてもて囃《はや》されたということでしょう。

「大きなモノガタリへの反抗」から「大きなモノガタリへの適応」へ

このように考えてみると、「教養世代」に続く「知的真空世代」というのは、功利と便益を保証してくれるシステムに対して、無批判に自己を同化させることで、システムがもたらす便益を最大限に搾り取ろうとした人たちだと言えます。

結果的に、こういった行動がバブル景気を膨らませ、またそこに依拠した人々の知的戦闘力を大きく劣化させることになったわけですが、これは安易に批判できることではありません。

先述したとおり、周りの人々が、一人また一人とシステムへ同化・適応することでどんどん裕福になっていく、幸福になっていくのを見れば、どんな人であってもこころ穏やかに「知的修養はどうした、金儲けよりも大事なことがあるだろう」などとは言っていられなかったはずです。

ここにきてシステムは「批判的考察の対象」からはずれ、我先にと一体化を目指すもの、自分もその一部となって便益を享受させてくれるものに変容したわけです。

これを整理すれば、「教養世代」から「知的真空世代」への移行は、「大きなモノガタリへの反抗」から「大きなモノガタリへの適応」への移行として整理できることになります。

その後、皆さんもよくご存知のとおり、バブル景気の崩壊と今日まで連綿と続く日本企業の経営の迷走状態が始まり、「大きなモノガタリ」は唐突に終幕となり、「グローバル資本主義下における弱肉強食の世界」という「新しいモノガタリ」が始まります。

この「新しいモノガタリ」が提示する新しいシステムに適応しようとした人々が、「実学世代」ということになります。

実学世代では、経営学の知識と英語とプレゼンテーションスキルがもっとも重要なリテラシーとなり、人生をいかにショートカットして効率的に年収を上げるかというゲームに、いわゆる「カツマー」などと揶揄《やゆ》される類のナイーブな人々が大挙して参加し、そしてカモにされました。

上層部と実行部隊の乖離

さて、そのような経緯を経て成り立っている現在の社会について確認してみれば、60年代に学生生活を送った「教養世代」はすでにほとんどが引退し、社会システムの上層部では「知的真空世代」が重職を独占し、その下を「実学世代」がかためるという構造になっています。

これはつまり「古いモノガタリに適応した人」が、「新しいモノガタリ」を前提にした社会の上層部に居座って指示命令しながら、「新しいモノガタリに適応した人」が、中層から下層でその指示命令を実行部隊としてこなしているという歪んだ構造になっている、ということです。

ところがここに困った問題が起きます。

というのも、**システムというのは必ず経時劣化する**（次章で詳述）ので、どのようなシステムであっても、そのシステムを批判的に考察して、その改変や修正についてイニシアチブを取ってくれる人が必要なのですが、**そのような教養とマインドセットを持った人材がほとんどいない**という社会が発生しているのが、現在の状況なのです。

「アート・サイエンス・クラフトのバランス」の重要性

この状況を別の角度から照射すると、**「アートにもサイエンスにも弱いオッサンたち」**という問題が浮かび上がってきます。

筆者は前著『世界のエリートはなぜ「美意識」を鍛えるのか?』で、経営における**「アート・サイエンス・クラフトのバランス」の重要性**について指摘しました。

未読の読者のために、ヘンリー・ミンツバーグの言葉を引いてあらためて確認すれば、経営というものは「アート」と「サイエンス」と「クラフト」の三つが渾然一体となったものであり、**「アート」**は、ステークホルダーをワクワクさせるようなビジョンを生み出し、組織の創造性を後押しします。

「サイエンス」は、体系的な分析や評価を通じて、「アート」が生み出したビジョンや直感に現実的な裏付けを与えます。

そして**「クラフト」**は、地に足のついた経験や知識をもとに、「アート」が生み出したビジョン、「サイエンス」が裏打ちした計画を現実化するための実行力を生み出します。

つまり、これら**三者が渾然一体となることで、はじめて「良い経営」は実現できる**ということなのですが、90年代以降の経営は**ＭＢＡ教育の悪弊もあって過剰に「サイエンス重視」に傾斜しており、これがイノベーションの停滞、コンプライアンス違反の横行といった問題を招く要因になっている、**という指摘をしました。

この枠組みを使って、先述した「教養世代→知的真空世代→実学世代」という推移を考察してみれば、**「教養」が「アート」**に、**「実学」が「サイエンス」**に対応する関係がすぐに読み取れます。「教養」はそのまま英語に訳せば「リベラルアート」となります。ここでいう「アート」には、いわゆる「美術」以上のもの、つまり**リベラルアート＝人をして自由に思考させる学問**が含まれているわけです。

アートにもサイエンスにも弱いオッサンたち

実は、前著上梓後に様々な批判をいただいているのですが、なかでももっとも的を射ているなと筆者が感じたのは、「日本企業はアートの側面が弱いことは認めるが、しかしサイエンスの側面も弱いのではないか?」という指摘でした。

この点については、執筆時点から引っかかっていたのですが、すでにサイエンス重視からアート重視へと舵を切っている欧米先進企業と、いまだにサイエンス重視で足踏みしている日本企業との対比をくっきりと浮かび上がらせるために、半ば確信犯的に押し切ってしまったという自覚があります。

そう、おっしゃるとおりで、サイエンスの側面について一定のリテラシーを持つにいたったものの、同質性の罠に陥ってしまったために、そこから抜け出るためにアートに活路を見出している欧米企業と、いまだにサイエンスすらうまく使いこなせていない日本企業とを同列に並べて論じるのはミスリーディングなところがあったかも知れません。

つまり、ご批判の内容としては「アートが重要なのはわかる、しかしサイエンスに傾斜していると言っても、サイエンスもままならない状況ではないか、そんな状態でアートに傾斜して大丈夫なのか?」ということで、ご指摘はごもっともだと思います。

これを先ほど指摘した「教養世代→知的真空世代→実学世代」との対応関係で考察してみれば、その理由はすぐにわかります。

社会や組織におけるアートの担い手は、教養を身につけた「知的自由人」ということになるわけですが、これらの「教養世代」はすでに社会の表舞台からは引退してしまいました。一方で、サイエンスの担い手である「実学世代」は90年代以降に社会人になっているので、いまだ社会や組織の上層部で権力を握るポジションにはついていない。

この結果、**「アート」にも「サイエンス」にも弱いオッサンたちが、社会や会社の上層部で実権を握るにいたっている、**というのが現在の状況だと考えられます。

いやしかし待て。これは世代論としてはわかるけれども、実際には現在のオッサンのなかにも教養人はいるだろうし、人選や登用によって、いくらでも埋め合わせることはできるのではないか、という反論がありそうです。

次章ではこの問題について考察してみましょう。

第2章　劣化は必然

組織トップは宿命的に劣化する

ここまで、なぜ五十代・六十代のオッサンはこれほど劣化したのかという問題について、主に世代論・年代論を組み合わせることで仮説を考察してきました。

この問題について「たとえ全体的に劣化した世代であっても、なかには優秀な人もいるだろう、人選や登用によって、そのような優れた素質を持ったリーダーを選抜できれば問題ないのではないか」という反論があるかも知れません。

確かにそのとおりなのですが、それは「ゼロから組織を作る場合」にのみ成り立つ話であり、長く継続している組織になればなるほど、それは難しいだろうというのが筆者の感想です。なぜなら「組織のリーダーは構造的・宿命的に経時劣化する」からです。

確認してみましょう。

まず、二流の人間は自分が本当は二流であり、誰が一流なのかを知っています。

一流の人間はそもそも人を格付けする、あるいは人を押しのけて権力を握ることにあまり興味がないので、自分や他人が何流かということをはなから考えません。

三流の人間は、往々にして周囲にいる二流の人間のことを一流だと勘違いしており、自分も「いまは二流だが頑張ればいつかはああなれる」と考えて、二流の周りをヨイショしながらウロチョロする一方で、本物の一流については、自分のモノサシでは測れない、よくわからない人たちだと考えています。

この構造を人数の比率で考えれば、一流は二流より圧倒的に少なく、二流は三流より圧倒的に少ない。

人事評価では、能力や成果が正規分布していることを前提にして評価を行うことが一般的なので、ボリュームとしては中心となる二流が一番多いのではないかと思うかも知れませんが、実際には能力も成果も正規分布ではなくパレート分布していますから、三流が数の上では圧倒的な多数派ということになります（次ページ図2）。

したがって、「数」がパワーとなる現代の市場や組織において、構造的に最初に大きな権力を得るのは、いつも大量にいる三流から支持される二流ということになります。

これはなにも組織の世界に限った話ではなく、書籍でも音楽でもテレビ番組でも同じで、とにかく「数の勝負」に勝とうと思えば、三流にウケなければなりません。

資本主義が、これだけ膨大な労力と資源を使いながら、ここまで不毛な文化しか生み出せていない決定的な理由はここにあります。

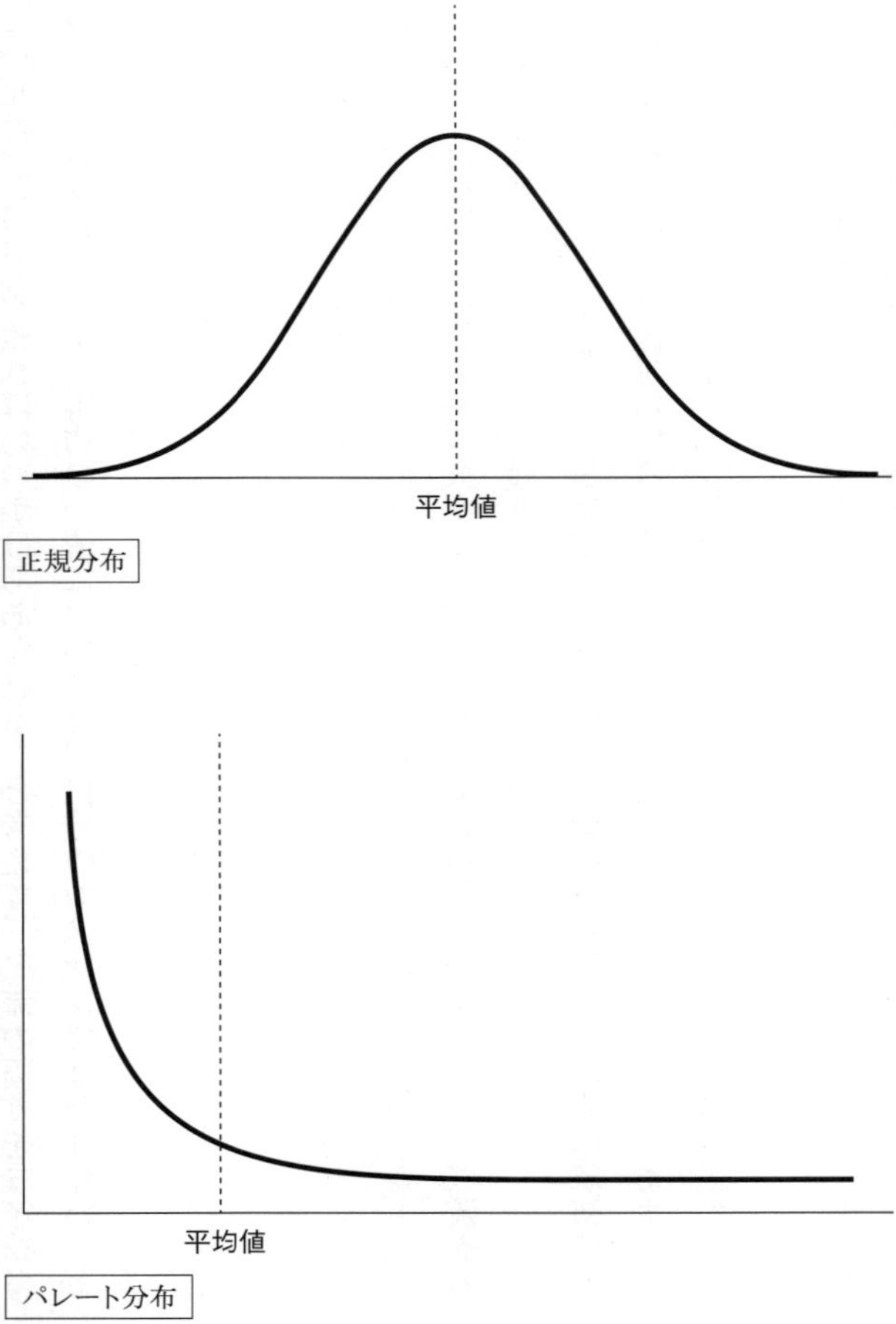

図2　正規分布とパレート分布

「数」をＫＰＩ（重要業績評価指標）に据えるシステムは、構造的な宿命として劣化するメカニズムを内包せざるを得ないのです。

二流の権力者は一流を抹殺する

さて、少数の二流の人間は、多数の三流の人間からの賞賛を浴びながら、実際のところは誰が本当の一流なのかを知っているので、地位が上がれば上がるほどに自分のメッキが剥《は》がれ、誰が本当の一流なのかが露呈することを恐れるようになります。

したがって、**二流の人間が社会的な権力を手に入れると、周辺にいる一流の人間を抹殺しようとします。**

イエス・キリストを殺そうとしたヘロデやパリサイ派の司祭、ジョルダーノ・ブルーノを火刑にかけた審問官、トロツキーに刺客を送って暗殺したスターリンなどはすべて、二流であることが露呈するのを恐れて一流を抹殺した二流の権力者という構図で理解することができます。

これを組織や社会の問題として考えてみると、二流によって一流が抹殺されたあとの世代に大きな禍根が残ることになります。

二流の人間が一流の人間を抹殺し、組織の長として権力を盤石なものにすると、その人物に媚び諂《へつら》って権力のおこぼれにあずかろうとする三流の人物が集まることになります。二流の人間は一流の人間を恐れるので、一流の人間を側近としては用いず、自分よりもレベルが低く、扱いやすい三流の人間を重用するようになる。

かくしてその組織は、二流のリーダーが率い、三流のフォロワーが脇を固める一方で、一流と二流の人材は評価もされず、したがって重用もされず、日の当たらない場所でブスブスと燻《くすぶ》ることになります。

やがて二流のリーダーが引退し、彼らに媚び諂って信頼の貯金をしてきた三流のフォロワーがリーダーとしての権力を持つようになると、さらにレベルの低い三流のフォロワーが周辺を固めるようになり、その組織はビジョンを失い、モラルは崩壊し、シニシズムとニヒリズムが支配する組織ができあがることになります。

組織が一旦このような状況まで劣化すると、一流の人材を呼び込み、重役に登用するという自浄作用はまったく働かなくなるため、組織の劣化は不可逆的に進行し、世代が代わるごとにリーダーのクオリティは劣化していきます。

これが、現在の日本の多くの組織で起きていることでしょう。世代論・年代論の構造的問題に加えて、リーダーのクオリティが経時劣化するという問題が輪をかけている、というのが今の日本の状況です。

古人は、書を読まなければ愚人になる、といった。それはむろん正しい。しかし、その愚人によってこそ世界は造られているので、賢人は絶対に世界を支えることはできない。

魯迅「『墓』の後に記す」

組織もまた構造的宿命として劣化する

前節では、二流が一流を忌避し、三流で周りを固めることで組織の上層部は構造的・宿命的に劣化するという指摘をしました。

これは、二流によって一流が排除されるという人為的な操作をベースにしたメカニズムですが、組織の劣化が不可逆なエントロピー（乱雑さの度合い）増大のプロセスであることは、ほかの要因からも推察することができます。

その理由は「凡人は天才を見抜くことができない」からです。アーサー・コナン・ドイルによるシャーロック・ホームズ・シリーズの『恐怖の谷』に次のようなセリフがあります。(*)

凡人は自分より高い水準にある人を理解できないが、才人は瞬時に天才を見抜く。
Mediocrity knows nothing higher than itself, but talent instantly recognizes genius.

この指摘を先ほどの枠組みに当てはめれば、天才は超一流、才人は一流ということになり、凡人は三流ということになるでしょうか。

これを人選のエラーと出現率という問題として考えてみましょう。

凡人というのは「ありふれた人」ということであり、数がもっとも多い。一方で才人は凡人よりもはるかに少なく、さらに天才は才人よりもはるかに少ない。

凡人が自分よりも優れた人を理解しないのであれば、凡人に人選させれば凡人を選ぶことしかできません。一方、才人か天才に人選をさせれば、ある程度は才人や天才を選出することはできるかも知れません。

しかし、**人選には必ず一定の確率でエラーが発生します。**エラーが発生した際に、どのような人が選ばれてしまうかは、選択の対象となる母集団のなかの出現率によって決まります。先述したとおり、人材のクオリティは正規分布ではなく、実際にはパレート分布していますから、ごく少数の才人やさらに少数の天才よりも凡人の方がはるかに多い。

したがって、**エラーが発生した際、フィルターをくぐり抜けて組織に入ってくる人は「凡人」である確率がもっとも高い。**

組織のなかにもっとも多い凡人は凡人しか見抜けない。もともと少数しかいない才人や、さらに少数しかいない天才に人選をさせれば、ある程度は才人や天才の選出が可能かも知れませんが、先述したとおり人選には必ず一定の確率でエラーが発生するので、どうしても時間を経るごとに凡人が増加してしまう。

ましてや日本の多くの企業は、採用活動をまるで工場で扱うコモディティ資材の調達のように処理しており、そもそも**才人や天才が人選活動に携わっていないことが多い**ので言わず

＊　この辺りの考察は細谷功氏による『会社の老化は止められない』を参考にさせていただいています。ご関心のある向きには一読をお勧めします。

もがなです。

すべての企業はどこかで起業され、成長した結果として現在の状態にいたっています。会社を起業し、事業を成長させることは凡人にはできませんから、それらのほとんどは天才か才人によってなされるわけですが、企業が軌道に乗って成長するに連れて人的資源の増強が必要になると、会社を起業し、成長させた才人や天才たちは採用活動から遠ざかり、凡人がこれを担うようになります。

やがて会社を創業した天才や才人たちが引退すれば、よほど意識的になって天才や才人を人選に担ぎ出さなければ、その組織の人材クオリティの平均は限りなく凡人の水準に近づいていくことになります。

ソニーやホンダといった昭和期創業の「トガッた企業」の多くが、現在、かつてほどの鋭さを有していないように感じる人は多いと思いますが、前述したメカニズムがどのような組織にあっても働くことを考えれば、数十年という時間を経ることで「組織の尖り」が丸く、甘くなっていくのは当然のことだと考えられます。

トンビは鷹を生まない

このような「選出」の問題に加えて、さらに「育成」の問題が組織の劣化に輪をかけることになります。というのも**「凡人」は「凡人」しか育てることができない**からです。

この点についてはあらためて後述しますが、組織内における「経験の質」は、その組織を率いるリーダーのクオリティに大きく左右されることになります。

人を奮い立たせるような挑戦しがいのある「良いアジェンダ（課題）」を設定するリーダーのもとでは、成長につながる「良い経験」が得られる一方で、なんの意義・意味も感じられないようなアジェンダしか設定できない三流の人材のもとでは、成長につながる良質な経験は得られず、スキルや人格の成長は停滞することになります。

つまり「凡人」のもとでは、「凡人」しか育たないということです。

よくトンビが鷹を生んだ、というようなことが言われますが、これは組織論の世界には当てはまりません。**良質な経験を抜きにして人材の開発・成長は考えられないのです。**

組織が「大きく、古くなる」ことで劣化はより顕著になる

社会という大きな母集団から一定の境界によって切り分けられた特定の組織内部において、社会一般の分布とは大きく異なる天才・才人の密度をどれだけ維持できるか、つまりこれは

エントロピーの問題ということになります。

エントロピーという熱力学上の概念を組織に当てはめて考えることは、確かにあまり一般的ではありません。しかし、**自然界に見られる法則やメカニズムの多くが、社会や組織においても同様に働いている**ことを私たちは知っています。

もし、大自然の法則として熱的破壊という不可逆で一方的な進行過程があるのだとすれば、私たちが生み出した様々なシステムや組織についても、また同じ法則が働いていると考えることができます。

それはつまり、シンプルで凝縮されたものが、複雑で希薄なものに変化し、やがては乱雑になっていくという宿命です。

人間の体が動的平衡（変化しながら平衡を保っている状態）によって成り立っているように、**企業組織もまた、エントロピーの増大に抗うことでそのバイタリティを維持しています。**

この点については人間も企業組織も同じなのですが、両者には決定的な違いもある。

それは、人間には寿命があることが前提となっているのに対して、企業組織には寿命がないことが前提となっているということです。むしろ、企業組織については「**永続性**」がポジティブなものとして追求されています。

長嶋茂雄は現役引退のセレモニーにおいてジャイアンツが「永久に不滅だ」と宣言しました。長らく所属した組織に「永久に存続してほしい」と考えるのは、人情としてはわからないでもありません。

しかし、ここまで見てきたように、人間というシステムがエントロピー増大の法則に従って劣化するのと同じように、企業組織もまた劣化する。

そして、この劣化は、組織が「大きく、古くなる」ことでより顕著になります。

例えば、直近15年間の株価変動の推移を見ると、中小・中堅企業が主に上場している東証二部の平均株価は67％と大きく上昇しているのに対して、東証一部上場企業の主要30社からなる「ＴＯＰＩＸ Ｃｏｒｅ30」のパフォーマンスはマイナス24％と大きく下落している。

私たちはよく「失われた20年」というフレーズでバブル崩壊後の経済停滞の状況を表現しますが、この20年のあいだ、本当に停滞して社会の閉塞感の要因となっているのは「大きくて古い会社」であり、中小・中堅企業のなかにはしっかりと成長している会社がたくさんあるということです。

第7章であらためてこの点については触れますが、この現象は、私たちが大きな「権力の終焉」という時代のプロセスのなかを生きていることを感じさせます。

これまで長いこと、就職先を選ぶ際には「なるべく大きく、なるべく古い（＝伝統的な）会社」こそが良い会社だと考えられてきました。そのような企業であれば、周囲からの尊敬と社会的な立場の安定が得られた時代が、確かに一時期はありました。

しかし、これまで見てきたとおり、組織もまたエントロピー増大の影響を受けて劣化していくのだと考えれば、私たちはそろそろ、このような時代錯誤の「昭和的な価値観」を転換する時期にきているのではないでしょうか。

急激にはあらず、しかも絶えざる、停滞せざる新陳代謝があって、初めて社会は健全な発達をする。人は適当の時期に去り行くのも、また一つの意義ある社会奉仕でなければならぬ。

石橋湛山「死もまた社会奉仕」

今は第三次ガラガラポン革命の前夜

組織はエントロピー増大の法則に従って、凡人集団への希薄化という道筋をたどり、リーダーのクオリティは構造的に経時劣化する以上、その変化は不可逆であり、**組織の自浄作用で一流のリーダーを返り咲かせることは難しい。**

ではどうするか。

もっともシンプルなのは、組織をハンマーでぶっ壊して新しい組織・構造に作り直してしまう、つまり革命ということになります。

実際に日本でこれが行われたのが、明治維新であり太平洋戦争の終戦だったと考えればわかりやすい。両者のあいだにはおよそ80年の開きがありますが、この80年という時間には、それなりの必然性があったように思います。

つまり、**80年というのは、一度ガラガラポンしてリーダーシップの刷新を行った組織や社会が、再び先述したロジックによって劣化するのに十分な時間**だということです。

ここではまず、明治維新の際、運動の中核となったキーメンバーの年齢を確認してみましょう（次ページ図3）。

もっとも年を食っている勝海舟ですら44歳、多くは三十代です。

氏名	出身	生年	没年	大政奉還時の年齢
勝海舟	江　戸	1823	1899	44
岩倉具視	京　都	1825	1883	42
西郷隆盛	薩摩藩	1827	1877	39
吉田松陰	長州藩	1830	1859	37
大久保利通	薩摩藩	1830	1878	37
木戸孝允	長州藩	1833	1877	34
福沢諭吉	中津藩	1834	1901	32
坂本龍馬	土佐藩	1835	1867	31
板垣退助	土佐藩	1837	1919	30
徳川慶喜	水戸藩	1837	1913	30
大隈重信	佐賀藩	1838	1922	29
高杉晋作	長州藩	1839	1867	28
伊藤博文	長州藩	1841	1909	26
陸奥宗光	紀伊藩	1844	1897	23

図3　明治維新のキーメンバーの年齢（1867年、大政奉還時）

彼らは大政奉還のタイミングで、いわばリーダーシップを刷新するようにしてこの国の重職につき、以後、20年から30年にわたって国家構築の最前線に立ち、日本を先進国の一角をなすまでに押し上げます。

しかし、その後、世代交代のたびにリーダーのクオリティは悪化の一途をたどり、1930年代には国際的な孤立状態を招いて、太平洋戦争の泥沼へと国を追い込んでいくことになります。

司馬遼太郎はしばしば、「明治という国家」という絶妙な言い回しで、日露戦争を戦った日本人たちの聡明さや合理性が、なぜ太平洋戦争においてはほとんど発揮されなかったのか、両者は本当に「同じ国の人だったのか」

という問題を提起していますが、先述した「組織とリーダーの劣化メカニズム」が働いたと考えれば説明はつきます。

繰り返して指摘すれば、**人選には一定の確率でエラーが発生する以上、世代交代を経るたびにリーダーのポジションに凡人を据えてしまう確率が高まる**からです。

次の80年後は2025年

仮に、組織や社会のリーダーの交代周期を10年と仮定すれば、80年という期間で7回の世代交代が起きます。

このとき、例えば1回当たり70％の確率で一流を選出できると仮定すれば、7回の世代交代のすべてで一流を選出できる確率は0・7の7乗で8％程度に、1回当たり50％の確率で選出できるとすれば、7回の世代交代のすべてで一流を選出できる確率は0・5の7乗となり、たったの0・8％しかありません。

7回のうち1回でも二流あるいは三流を選出してしまえば、先述したロジックにより、一流がトップに返り咲くことはありませんから、その時点以降、一流がトップにつく確率はゼロになります。

もちろん、これは仮定に仮定を重ねた上での大雑把な思考実験でしかありませんが、80年という年月のあいだ、組織のトップに一流を据え続けるということが、いかに確率的に難しいことなのかは皮膚感覚でご理解いただけたと思います。

このように考えると、明治維新という第一次ガラガラポン革命から、太平洋戦争終戦という第二次ガラガラポン革命のあいだに80年という期間があり、組織や社会のリーダーの「総取っ替え」が行われたということには、それなりの必然性があったと考えられます。

では、太平洋戦争の終戦から80年後はいつになるのかというと、それは2025年ということになります。

つまり、いま私たちが生きている社会は、太平洋戦争終戦時の第二次ガラガラポン革命に続く、第三次ガラガラポン革命の前夜を迎えつつある可能性がある、ということです。

第3章

中堅・若手がオッサンに対抗する武器

革命の武器はオピニオンとエグジット

先述したとおり、組織のトップに一度でも三流を据えてしまうと、自浄作用は期待できません。これは日大アメフト部や日本ボクシング連盟など、昨今の一連の不祥事を見ればよくわかります。

あのような「劣化したオッサン」をトップに据えてしまえば、周囲に残るのは忖度によってなんとか権力のおこぼれにあずかろうとする「劣化したオッサン」ばかりということになり、一流の人材が組織のトップに返り咲く可能性は限りなくゼロに近くなります。

そうなると、カギは四十代以下の世代の運動ということになります。実際に明治維新の際にも、太平洋戦争終戦後においても、社会システムの再構築にリーダーシップを発揮したのは主に四十代以下の中堅・若手でした。

社会で実権を握っている権力者に圧力をかけるとき、そのやり方には大きく「オピニオン」と「エグジット」の二つがあります。

オピニオンというのは、おかしいと思うことについてはおかしいと意見をするということであり、エグジットというのは、権力者の影響下から脱出する、ということです。これはなにも珍しいことではなく、多くの人は市場原理のなかで日常的に用いているレバーでしょう。商品を購入して不満があれば、クレームという形でオピニオンを出し、それでもあらたまらなければ買うのを止める、取引関係を中止するという形でエグジットをする。

これは株主にしても同様で、経営陣のやり方に文句があれば株主総会で意見を言い、それでもあらたまらなければ株式を売却することでエグジットできます。

つまり、経営者を取り巻くステークホルダーのうち、少なくとも顧客と株主については、オピニオンとエグジットを行使するための仕組みや法律が整備されており、だからこそ株価や売上は、その企業のパフォーマンスを示す代替指標として機能しているわけです。

明治維新の際も、太平洋戦争終戦の際も、中堅以下の人々がこのオピニオンとエグジットという武器を使い、既存の権力構造をゲリラ的に攻撃しました。

脱藩した上で説得によって同志のネットワークを構築し、船中八策をまとめた坂本龍馬などは、このオピニオンとエグジットという武器を最大限に用いた人物と言えます。

劣化したオッサンのもとで納得できない理不尽な仕事を押し付けられている立場にある人であれば、まずオピニオンとエグジットという武器を意識してほしい。

オピニオンもエグジットもしないのは不祥事に加担するのと同じ

逆にいえば、オピニオンもエグジットもしないということは、権力者の言動を支持しているということでもあります。

本人にそう問い質せばもちろん否定するでしょうが、一連の不祥事を起こした企業に身を置きながら、オピニオンもエグジットもしないということは、これらの不祥事に自分もまた加担し、それらを主導した権力者を支持している、ということにほかなりません。

本人からすれば「上司に意見などしたら職場で居場所がなくなる」とか「転職できるだけのスキルも専門性もない」ということなのかも知れませんが、このような妥協を自らに許してダラダラと無為な人生を送っていれば、そのうち道徳観は麻痺し、モノゴトに意義を見出す眼力も失われて、生物学的には一応は生きているものの魂は死んでいる、というゾンビのようなオッサンができあがることになります。

これは別に珍しい存在ではありません。朝の通勤ラッシュを眺めていれば、このような状態に陥ってしまったと思われる人をいくらでも見つけることができます。

劣化したオッサンは、なにも一朝一夕にできあがるわけではありません。ワクワクする仕事を追求することもなく、システムから与えられる理不尽さに対して何年、何十年ものあいだ妥協に妥協を重ねてきた結果として、生み出されているのが劣化したオッサンなのです。

「人的資本」＋「社会資本」＝「モビリティ」を高める

オピニオンとエグジットがオッサンに圧力をかける武器として有効なのはわかる、しかし、そうすることで自分のキャリアが危険にさらされることはできれば避けたい……。

では、どうするか。

ど真ん中すぎる回答でシラけてしまうかも知れませんが、結局のところ、汎用性の高いスキルや知識などの「人的資本」と、信用や評判といった「社会資本」を厚くすることで、自分の「モビリティ」を高めるしかありません。

この「モビリティ」というのは、今後、柔軟で強《したた》かなキャリアを歩んでいくための最重要キーワードだと思います。モビリティを高めるためにこそ、汎用性の高い知識とスキル、あるいは社外の人脈や信用を自分の資産として積み上げる必要があるのです。

「モビリティ」については、のちほど詳しく論じます。

一般に、スキルや知識の獲得は、所属する組織のなかでのパフォーマンスを上げるために行われるという印象がありますが、これはフレームをどう取るかの問題です。

もちろん、そのような意図でスキルや知識を獲得することもあるでしょうが、今後はむしろ、どのような場所でも生きていけるためにスキル・知識を獲得する、今いる場所を「いつでも出ていける」ような状態にするために学び続ける、という意識が重要ではないかと思います。

一向に変わらない企業に対して、異を唱える人が増えてくれば、次第に企業は変わっていきます。だから個人として、会社に対する不満を示す一つの方法は、会社を辞めることなのです。

リンダ・グラットン「人生一〇〇年時代、生き方は三つのステージからマルチ・ステージへ」、大野和基インタビュー・編『未来を読む』

オピニオンとエグジットの欠如は年長者を甘やかす

先ほど、オピニオンとエグジットを活用せず、ただダラダラと与えられた仕事に無批判に取り組むことで「劣化したオッサン」は生まれる、という指摘をしました。

ここではさらに、オピニオンとエグジットの欠如が、そのような「劣化したオッサン」を甘やかし、増長させる要因になっている、という指摘をします。

なぜ、このような「甘やかし」が問題になるかというと、これは最終的には**「フィードバックの欠如」**という、システムにとって致命的な問題をもたらすことになるからです。

システムを健全に機能・発展させるには適時・適切なフィードバックが不可欠です。スリーマイル島原発事故では、複合的・連鎖的に進展する事故の状況に対して、情報を処理するコンピュータの処理能力が間に合わず、適時・適切なフィードバックが不可能になったことで、最終的にメルトダウンという事態にまで発展してしまいました。

日大アメフト部監督や日本ボクシング協会の会長についても、長年にわたってフィードバックが機能しなかったために熱暴走が止まらず、結果として「人生のメルトダウン」を招いたと考えれば、フィードバックがシステムを健全に機能させるために、いかに重要かということがおわかりいただけると思います。

そして、**オピニオンやエグジットというのは、もっともわかりやすく、有効なフィードバック**なのです。

しかし、先述したとおり、日本ではこのフィードバックがあまり用いられていない。上司に強く反論したり、意見したりすれば「空気を読めないヤツ」というレッテルを貼られてしまい、転職についても、昨今では増加傾向にはあるものの、まだまだ一般的にはリスクが大きいと考えられています。

劣化したオッサンからすれば「オレのやっていること、言っていることに誰も反論しない、オレの支配下から誰も退出しない」ということになれば、**自分がリーダーとしてそれなりの人望を持っているのだ、と勘違いしてもおかしくはありません。**

オリンパスの粉飾決算事件

日本において、オピニオンとエグジットという牽制圧力がガバナンスとしてまったく機能していないということを痛感させられたのが、オリンパスの粉飾決算事件です。ことのあらましは次のような次第でした。

2011（平成23）年4月に、イギリス人経営者マイケル・ウッドフォード氏がオリンパス社長に就任しますが、過去のオリンパス経営陣による企業買収において買収価格が説明不能なほどに高額であること、存在の不確かなケイマン諸島のアドバイザーに高額の手数料を支払っている点などを問題視し、当時の菊川剛会長および森久志副社長に問題の調査を提言したところ、直後に開かれた取締役会議で社長職を解任されてしまいます。

結局、その後の調査により、オリンパスは、バブル崩壊で被った多額の損失を秘密裏に会計処理するため、実態とかけ離れた高額の企業買収を行い、それを投資失敗による特別損失として計上して減損処理し、本当の損失原因を粉飾しようとしていたことがわかりました。10年以上にわたる他に類を見ない長期間の悪質な会計粉飾で、もちろん歴代の会長・社長はそれを知っていて黙認したままでした。

オリンパスの事件について筆者が感じたのは、**日本人にとっての個人と組織の関係は、欧米人のそれとは違う**のだな、という当たり前の事実でした。

ウッドフォード氏としては、自分が株主から経営を委託されている経営者である以上、個人の責任として不透明な買収についてはこれを明らかにする必要があると感じて、当時の菊川会長にオピニオンを提出しているわけですが、ではなぜ、歴代の社長あるいは役員は同じことができなかったのか？　ということです。

ここに「劣化したオッサン」を生み出すメカニズムの本質が見えてきます。

なにを言っているのかというと、**劣化したオッサンを生み出しているのは、とりもなおさ**

ず、オピニオンもフィードバックもしない配下の人々でもある、ということです。

第1章から2章までは、「劣化したオッサン」が生み出される要因を世代論や組織論の枠組みで考察しましたが、別の要因として、配下の人からのフィードバックが足りていないために、自分の人格や人望について勘違いしている人があまりにも多い、ということがあります。

そして、劣化したオッサンのもとでこのような忖度を繰り返していれば、やがては先述したとおり、深く考える思考力は麻痺し、道徳観は衰弱し、結果的には自分もまた「劣化したオッサン」になる。つまり「劣化したオッサン」のもとで、オピニオンもエグジットも行使せずに、ただダラダラと理想もなく生きていれば、「劣化したオッサンによる劣化したオッサンの拡大再生産」という悪夢のようなプロセスが、延々と繰り返されることになる、ということです。

老人が支配するのは奴に力があるからではなく、こちらがおとなしくして忍従しているからだ。

ウィリアム・シェイクスピア『リア王』

オピニオンとエグジットを行使できない人々

なぜ、多くの人はオピニオンやエグジットという、大きな武器を活用できないのでしょうか。大きく二つの理由があると思います。

一つ目が「美意識の欠如」です。自分なりの美意識、つまり審美眼、道徳観、世界観、歴史観を持っている人は、明確な「許容できる、できない」という一線を持っているものです。上司などの関係者が、この一線を越えた振る舞いをしようとしている、という場合、明確な美意識を持っている人であれば「それは許されないのではないか」という声を上げるでしょう。

組織の上層部ではなく、メンバーの美意識が最終的にオピニオンやエグジットという行動につながり、経営者を動かした事例として、グーグルのケースを確認してみましょう。

2018年6月7日付のロイターの記事によると、グーグルが米軍の無人機（ドローン）による画像認識に協力したことに対して社内で抗議活動が広がり、従業員4600人が協力を止めるよう求める嘆願書に署名し、辞職者も出る事態となりました。

グーグルの社員はまさに、人工知能による画像認識を武器に利用するという経営判断に対して、オピニオンとエグジットという二つのレバーを用いて、経営者に対して圧力をかけたわけです。最終的に、このフィードバックを受け、グーグル経営陣は人工知能を武器に利用しないという原則を作成し公表するにいたっています。

これは組織メンバーの美意識や価値観が、経営者に対して大きな牽制として働いた事例としてとてもわかりやすい。

モビリティの低さ

オピニオンとエグジットという二つのレバーを行使できない人が多い理由の二つ目として指摘しなければならないのが、「モビリティの低さ」です。

ここでいうモビリティというのはつまり、仮にエグジットというレバーを行使して所属する組織を抜け出したとしても、今と同様の生活水準を維持できる能力ということです。

「モビリティが高い」ということは、場所によって自分の正味現在価値が変わらないということであり、「モビリティが低い」ということは、スキルや知識の文脈依存度が高く、場所によって大きく自分の正味現在価値が変わってしまうということです。

お金を生み出す元手のことを「資本」と言います。通常、私たちは「資本」という言葉を、「お金を生み出す元手のお金」、つまり「金融資本」として捉えますが、お金を生み出すものは「お金」だけではありません。労働市場で高く評価されるスキルや知識、語学力などはお金を生み出す元手になる「人的資本」ということになりますし、仕事を紹介してくれたり手伝ってくれたりする心強い人脈や評判・信用もまた、お金を生み出す元手になる「社会資本」と考えられます。

お金を生み出す元手としての「人的資本」と「社会資本」が厚ければ、どこに行っても生きていける、つまりその二つを獲得した人は「高いモビリティ」を持つことになるわけですが、日本企業に長らくいると、この「人的資本」と「社会資本」が会社の内側に閉じて形成されることになるため、まったくモビリティが高まらないという問題があります。

わかりやすいのが「副業の禁止」です。

人的資本にせよ社会資本にせよ、それを構築するために一番有効なのは「良い仕事体験」を得ることです。良い仕事体験を通じて、スキルや知識は構築され、また評判や信用も蓄積される。つまり、社外でも通用する人的資本と社会資本を形成するためには、会社の外の人と一緒にいろんな仕事をするというのが一番良いのですが、日本の多くの企業では副業を禁止しているため、人的資本と社会資本は「会社の内側」にしか形成されません。

いうまでもなく、転職すれば「会社の内側」に積み重ねてきた人的資本と社会資本は大幅に目減りしてしまうため、これが一種の「人質」となってロックインされてしまうわけです。

これが、経団連などが躍起になって兼業や副業を忌避したがる理由です。兼業や副業を許すと、従業員の人的資本・社会資本が会社の外側に形成されることになるので、その従業員をロックインしておく効果が弱くなってしまうのです。

企業における従業員のリテンション（保持）は極めて重大な問題であり、ロックインの効果が弱くなるような副業・兼業などの施策はできれば避けたいと思う気持ちは、わからないではありません。

しかし、そのようなルールが、かえって従業員のエンプロイアビリティ（雇用される、雇用され続ける能力）を低下させており、ゆくゆくはリテンション以前に、そもそもアトラクト（惹きつけ）ができなくなる可能性があることを忘れてはなりません。

年功序列制というのは、勤続年数に応じて、地位や賃金体系が設定される明確な制度であるが、このように制度化されなくとも、日本のどのような分野における社会集団においても、入団してからの年数というものが、その集団内における個人の位置・発言権・権力行使に大きく影響しているのがつねである。いいかえれば、個人の集団成員との実際の接触の長さ自体が個人の社会的資本となっているのである。しかし、その資本は他の集団に転用できないものであるから、集団をＡからＢに変わるということは、個人にとって非常な損失となる。

中根千枝『タテ社会の人間関係』

第4章　実は優しくない日本企業
——人生100年時代を幸福に生きるために

日本の大企業は外資系よりも残酷

本書の前半において、現在の五十代・六十代のオジサンたちは、「大きなモノガタリ」の存在を前提にして二十代・三十代のときに社会適応したにもかかわらず、そのあと社会から裏切られてしまった世代だ、という指摘をしました。

ここでは、同じ問題を別の角度から考察してみましょう。

それは、よく言われる「日本企業は人に優しく、外資系企業は厳しい」というのは、本当なのかという問題です。

このような指摘がなされる要因は非常にシンプルです。すなわちそれは「外資系企業は容赦なく人を解雇するけれども、日本企業は解雇しない」ということでしょう。

確かに、解雇は当人にとってたいへん大きなストレスになりますから、これをなるべくしないということは「優しさ」と解釈してもおかしくはありません。

しかし、解雇せずに会社のなかに留め続けておいた人材が最終的にどうなるかというと、結論は明白です。社員数が10万人を超えるような企業であっても社長は一人しかいませんから、どこかでキャリアの天井にぶつかることになります。

では、キャリアのどの段階で天井にぶつかるかというと、多くの日本企業では四十代の後半で、ということになります。

しかし、これが本当に「優しい」のでしょうか。四十代の後半で、「あなたはこの会社ではこれ以上の昇進は望めませんよ」と言われても、その時点で取れるキャリアオプションはほとんどありません。

先述したとおり、その人の労働市場における価値は、人的資本と社会資本の厚みによって決まるわけですが、多くの人は会社の内部にこれらの資本を蓄積するため、資本が人質となってロックインされてしまうからです。

逆に会社側は、従業員に対して様々な選択肢を持つ、つまり煮て食おうが焼いて食おうが、どうしてもいいということになり、経済学的にいえば、雇用者と被雇用者のあいだで極端なオプションバリューの非対称性が生まれてしまうことになります。

一方でよく「厳しい、厳しい」と言われる外資系企業について考えてみると、そのとおり、確かに短期的には厳しい側面もあるかも知れませんが、中長期的に考えてみると違う風景も見えてくる。というのも、キャリアの若い段階で仕事の向き・不向きがはっきりするわけですから、結果的には自分のオプションバリューが増えるわけです。

これはシリコンバレーの経済システムと同じで、要するに全体・長期の反脆弱性の高さは、早めにたくさん失敗するという部分・短期の脆弱性によっている、ということです。

もちろんその瞬間はとても辛いものがあります。誰だって「君のパフォーマンスは会社の期待を満たしていません。来週から来なくていいので転職活動を始めてください」と言われれば大変なショックを受けます。筆者自身もそのように言われたことがありますし、昨日まで一緒に働いていた人がそのように言われて会社を去っていくのもたくさん見てきました。

日本の大企業の人からすると、そういうのは耐えられない、ということになるのかも知れませんが、結局のところ「あなたはここまで」と言われる年齢が早いか遅いかだけの問題であって、であれば、まだほかの道を選択できる若いときに言ってもらった方が本人のためだという考え方もできます。

組織が大きくなるほど出世の確率は下がる

さらに指摘を重ねれば、企業が大きくなればなるほど、重職に出世できる確率は低くなります。当たり前のことですが、どんなに大きな会社であっても社長は基本的に一人です。エグゼクティブの総数もせいぜい20人程度でしょうか。

つまり、その組織のなかにいて人の羨望を得られるようなポジションにつける確率というのは、組織が大きくなればなるほど低くなるわけです。

仮に、

A：社員100人の会社で役員は5人

B：社員1000人の会社で役員は10人

C：社員1万人の会社で役員は20人

という標準的な社員=役員比を想定してみれば、それぞれで組織人員に占める役員の比率は、

A：5％

B：1％

C：0・2％

ということになります。

日本の大企業はすべてマックス・ヴェーバーが定義するところの「官僚型組織」になっていますから、上層部のポジションは等比級数的に少なくなる。つまり、組織が大きくなればなるほど「あなたはここまで」と言われてホゾを噛むことになる確率も高まる、ということです。

外資系企業の場合、ほとんどの人はキャリアの早い段階で「あなたはここまで」と言われ、会社を移ることになります。

先述したとおり、これは大きなストレスになるわけですが、それは一時的なもので、筆者の友人・知人を見る限りは、ほんの2、3年もすれば新天地を見つけてのびのびと仕事をするようになります。恋愛と同じですね。

一方で、日本の大企業の場合、「あなたはここまで」と言われる年齢が40代以降なので、その時点で取れるキャリアオプションはほとんど残っていません。

結局は「辞めるよりも、今の場所でソコソコにやっていくしかない」ということになり、その場所から、華々しく活躍してどんどん昇進していく人たちを眺め続けなければならない。つまり「自分を拒否する組織に残り、拒否されない人の活躍を見続ける」ことになるわけです。

その上で、組織内の序列階級は内部者にわかりやすく共有されますから、「あの人、あそこで止まっちゃったね」というのが明確にわかることになる。これは実に過酷な状況ではないでしょうか。

社会学者の見田宗介は、現代社会を「まなざしの地獄」と評しました。相互が相互に銃弾のような眼差しを交わしながら、お互いの社会的な立場や経済力を一瞬で値踏みし、「勝った、負けた」の精神消耗戦を毎日のように戦っている、という地獄です。

このような地獄に残りながら、エグジットするというオプションも取れないままに、まだまだ残り多い職業人生を生きていかなければならないのだとすれば、おかしくならないわけがありません。

仕事人生の前半戦で「ゲームオーバー」する人々

四十代の後半で「あなたはここまでですよ」と言われてしまうことの悲惨さは、今後、おそらく社会的と言っていい重大な問題を生み出すことになるでしょう。

なぜなら、おそらく近い将来にやってくる「人生１００年時代」では、四十代後半というのは、いまだ折り返し点にもいたっていないキャリアの前半戦に過ぎないからです。

従来の仕事人生、つまり20歳前後まで学習、その後就職して60歳前後まで仕事、その後は引退するという「3ステージモデル」を前提にすれば、四十代後半でレースから降りたとしても、残りの10年プラスアルファを引退への準備期間として甘んじて受け入れることができたでしょう。

しかし、人生が100年になんなんとする時代においては、四十代後半というのは、キャリアの折り返し点にもいたっていない可能性がある。

自分の仕事人生がこれからまだまだ続く、いやむしろ、いよいよこれから実りが得られるという「旬の時期」の前に、「あなたはここまで」と言われながら、別のキャリアを探そうにもどうしようもない、そういう状況に陥る人が多数生まれてくるのです。

これは間違いなく大きな社会的混乱を巻き起こす要因になると思われます。

「3ステージモデル」から「4ステージモデル」へ

この問題を考察するにあたって、予防医学者の石川善樹が提唱する「人生を四つのステージに分けるコンセプト」を引いてみましょう。

すなわち、春に当たるファーストステージの０～25歳は、基礎学力や道徳を身につける時期、夏に当たるセカンドステージの25～50歳は、いろんなことにチャレンジし、スキルと人脈を築くとともに、自分はなにが得意で、なににワクワクするのかを見つける時期、そして秋に当たるサードステージの50～75歳は、それまで培ってきたものをもとに自分の立ち位置を定めて世の中に対して実りを返していく時期、そして冬に当たるフォースステージの75～１００歳は余生を過ごす時期、というモデルです。

これはロンドン・ビジネス・スクールのリンダ・グラットンも指摘していることですが、私たちは長いこと3ステージモデルに慣れ親しんでいるため、どうしても60歳程度で引退し、80歳程度で亡くなるということを前提にして考えてしまいがちです。だからこそ「四十代後半で多くの人がゲームオーバーになる」という現在の慣習について、消極的ながらも受け入れている。

しかし、多くの識者が指摘しているとおり、私たちの寿命は長期的な伸長傾向にあり、近い将来、多くの人が１００歳まで生きることになる。加えて、現在では年金制度の破綻がほぼ明確になっているなか、多くの人が引退年齢をこれまでよりずっとあとに送らなければならない状況が生まれます。

『ライフ・シフト』の共著者である経済学者のアンドリュー・スコットは、**１００歳まで生きる時代になると、引退後の蓄えを作るために、ほとんどの人が80歳まで働かなければならなくなる、**と指摘しています。

罪作りなシステム

さて、この「**4ステージモデル**」を現在の日本企業の人事慣行と照らし合わせて考えてみれば、これからいよいよ人間的に成熟し、社会に対して実りを返していくというのが「秋＝サードステージ」であるにもかかわらず、このステージでイキイキと活躍できる人は、ごくごく少数しかいないということになります。これは**国家的な資源の浪費**と考えられます。

さらに指摘をすれば、このようなモデルを続ければ、**本来は「仕込みの時期」として重要なセカンドステージが、極めて熾烈な「生き残り競争」のステージになってしまう、**という問題があります。

サードステージで輝けばいい、と思えばこそ、その前段となるセカンドステージでは、いろいろな体験にチャレンジし、自分はなにが得意なのか、なにをしているときにワクワクするのかを理解し、いわば「**自分の取説**」をちゃんとまとめる余裕もできる。

しかし、四十代の後半でゲームの決着がついてしまうということになれば、「様々なことにトライして失敗する」だの「様々な分野の知識を吸収する」だのとは言っていられず、とにかく目の前にいる上司から与えられた仕事を、その仕事の社会的意義や道徳的な是非など問うことなく、しゃかりきになって奴隷のようにこなすしかないでしょう。

これが、結局のところ教養も道徳観もない「劣化したオッサン」を生み出している要因なのだとすれば、極めて罪作りなシステムを運営しているというしかありません。

第5章　なぜ年長者は敬われるようになったのか

年長者は本当に偉いのか

これは様々なところで指摘していることなのですが、そもそも私たちが暗黙の前提としている「年長者は尊敬すべきである」という命題は、正しいのでしょうか。

いくつかの証明アプローチを考えてみましょう。

まずは、「年長者は経験豊富であり、情勢の判断力に優れている。したがって、組織やコミュニティが難問に向き合う際には、年長者のアドバイスを仰ぐべきであり、そのような責任を担っている年長者を、私たちは尊ばねばならない」という考え方があります。

それなりの説得力を持つ証明に聞こえるかも知れませんが、よく考えてみると、むしろ命題の反証材料になっているように思います。

というのも、20世紀半ば以前の、変化が比較的ゆるやかに起きるような時代であれば、過去の経験の蓄積が、新たに発生する問題の解決能力に直結したかも知れません。つまり「いま目の前で起きている、この問題は30年前にも起きたことなんじゃ」ということです。

しかし、実際のところはどうなのか。

これほどまでに変化が激しい時代になると、過去の経験に基づいて表面的に対処することで、かえって問題を悪化させてしまう可能性があります。

実名を出すことは守秘義務の関係でできないのですが、コンサルタントとして組織開発の仕事に携わると、現場の若手から**「上司が昔ながらのやり方にこだわっていて変革がまったく進まない」**という嘆きを、よく聞きます。

上司の方にお話をお伺いすると、過去の自分の成功体験・失敗体験に酔っているような人が多く、それらの体験をもとにして形成されたスキーマ（過去の経験に基づいた心理的な枠組み）に囚われていることが少なくない。

このようなケースを数多く見てきた筆者としては、単純に**「経験の蓄積＝判断力の向上」とは言えない**ように思います。

環境がどんどん変化するなかで発生する未曽有の問題に対して、より根元的な人間性や道徳といった立脚点に根ざして、その人らしい正しい判断をしていくには、なによりも「教養」が必要になります。

しかし、先述したとおり、現在の五十代～六十代の中高年世代は、「教養世代」と「実学世代」のはざまのエアポケットで二十代～三十代を過ごしてしまっており、この点については甚だ心もとないと言うしかありません。

さらに加えて指摘すれば、実際に蓄積されたコンピテンシー（高い業績につながる行動特性）スコアのデータからも、年長者ほど能力が高いという傾向は見られません。

筆者が勤務しているコーン・フェリーは世界中で年間に数万人のコンピテンシー評価を行っていますが、全般的なスコアと年齢には統計的な相関が見られません。

もちろん、ある個別の項目だけを取り上げれば、年齢が上昇するにつれて高まる項目もあるのですが、逆もまた然りで、年齢とともに下がる能力もある。つまり、得意なことが変わっていくというだけで、全般に能力が高まるというわけでもないのです。

イノベーションランキングと宗教

権力格差指標

これまで確認してきたように、年長者ほどスキルや判断能力が高い、という命題は証明できません。

したがって、年長者を尊重・重用すべきであるというアイデアの合理性を担保することは難しい。にもかかわらず、組織やコミュニティにおいて、年長者は尊重されなければならないと、筆者を含めた多くの日本人は無条件に考えていると思います。**合理的な根拠がないにもかかわらず信じる行為を「信仰」と言います。**つまり、**年長者は尊重されなければならない、という考えは、私たちの「信仰」**なのです。

この信仰が依拠しているのは**「儒教」という宗教**です。私たちの生活において「儒教」の影響を表立って意識する局面は少ないかも知れません。しかし、次のデータを見れば、おそらく多くの人は、この宗教の小さくない影響を、理解されるのではないでしょうか。

年長者に向かって反論する際に私たちが感じる心理的な抵抗の度合いには、民族間で差があることがわかっています。

オランダの心理学者ヘールト・ホフステードは、全世界で調査を行い、この「年長者に対して反論するときに感じる心理的な抵抗の度合い」を数値化し、それを**権力格差指標＝PDI**（Power Distance Index）と定義しました。

ホフステードは権力格差を「それぞれの国の制度や組織において、権力の弱い成員が、権力が不平等に分布している状態を予期し、受け入れている程度」と定義しています。

例えば、イギリスのような権力格差の小さい国では、人々のあいだの不平等は最小限度に抑えられる傾向にあり、権限分散の傾向が強く、部下は上司が意思決定を行う前に相談されることを期待し、特権やステータスシンボルといったものはあまり見受けられません。

これに対し権力格差の大きい国では、人々のあいだに不平等があることはむしろ望ましいと考えられており、権力弱者が支配者に依存する傾向が強く、中央集権化が進みます。

以上により、権力格差の違いは職場における上司・部下の関係性のあり方に大きく作用することになります。

ホフステードは「権力格差の大きい国では、アメリカで開発された『目標による管理(Management by Objectives)』のような、リーダーシップの技法は役に立たないであろう。それらの技法は、部下と上司が何らかの形で交渉の場を持てることを前提にしているが、そのような場を持つことは、権力格差の大きい国では、部下も上司も良い気持がしないであろうから」と指摘しています。[*]

ホフステードによれば、主な国々の権力格差は下記のとおりで、こちらも想像に難くないことですが、やはり日本のスコアは相対的に上位に位置しています。

フランス：68
香港：68

韓国‥60
ギリシア‥60
台湾‥58
日本‥54
イタリア‥50
アメリカ‥40
オランダ‥38
旧西ドイツ‥35
イギリス‥35
スイス‥34
デンマーク‥18

＊　Ｇ・ホフステード、岩井紀子・岩井八郎訳『多文化世界　違いを学び共存への道を探る』有斐閣、１９９５年、p35より

順位	国　名	順位	国　名
1位	スイス（1）	14位	日本（16）
2位	スウェーデン（2）	15位	フランス（18）
3位	オランダ（9）	16位	香港（中国）（14）
4位	アメリカ（4）	17位	イスラエル（21）
5位	イギリス（3）	18位	カナダ（15）
6位	デンマーク（8）	19位	ノルウェー（22）
7位	シンガポール（6）	20位	オーストリア（20）
8位	フィンランド（5）	21位	ニュージーランド（17）
9位	ドイツ（10）	22位	中国（25）
10位	アイルランド（7）	23位	オーストラリア（19）
11位	韓国（11）	24位	チェコ（27）
12位	ルクセンブルク（12）	25位	エストニア（24）
13位	アイスランド（13）		

出典：The Global Innovation Index 2017をもとに作成

図4　2017年のイノベーションランキング。（　）内は前年順位

このリストを見ると、「あること」に気づくと思います。

一つはイノベーションランキングとの相関です（図4）。

米国のコーネル大学、フランスのビジネススクールであるインシアード（INSEAD）、世界知的所有権機関（WIPO）が共同で発行するグローバル・イノベーション・インデックスの2017年版を見ると、権力格差指標の小さな国であればあるほど、全般的に上位にあることが確認できると思います。

この事実から「部下が上司に反論しやすい度合い」と「イノベーションが起こりやすい度合い」とのあいだには、なんらかの関係がある、という仮説を導くことができます。

画期的なアイデアを生み出すのは若い人

なぜ、上司に反論しやすい文化圏では、イノベーションが起こりやすいのか。

一つには「そもそも画期的なアイデアを生み出す人は若い人が多い」という理由が挙げられます。

パラダイムシフト（社会の規範や価値観が劇的に変わること）という用語を、今日用いられている文脈で最初に用いた米国の科学史家＝トーマス・クーンは、彼の主著である『科学革命の構造』のなかで、パラダイムシフトを主導するのは多くの場合「非常に年齢が若い人」か「その分野に入って日の浅い人」であるという、非常に重要な指摘をしています。

パラダイムシフトを起こすような画期的なアイデアを打ち出す人が非常に若いのであれば、このような人が目上の年長者に対して意見したり進言したりすることを憚《はばか》るような文化圏では、イノベーションが停滞するのは当然のことでしょう。

もし仮に、組織のなかで発言権を与えられないような若い人こそが、画期的なアイデアを生み出すのだとすれば、私たちはこれら発言権を持たない人たちのアイデアと、大きな発言権はあるけれどアイデアは生み出せないという権力者を、どのようにつなげていくのか？

ということを考えなければなりません。

通常、組織のなかで大きな発言権を持っているのは、組織の上層部に位置する年長者たちですから、この人たちと、組織の末端で「アイデアはあるけど権力はない」という人たちを、どうつなげていくのか？　という問題です。

そしてこの問題は、組織が「古く、大きく」なればなるほどに難しくなります。これはジレンマです。なぜなら、組織は「成長」という喜ばしい成果の結果として、「古く、大きく」なるからです。

株式会社はその宿命として、成長を求められ続けることになります。しかし、成長するということはまた同時に、組織の肥大化をも意味します。その結果として、人員は増加し、組織の階層は増え、アイデアを生み出す若い人と資源配分の意思決定をする経営者との物理的・心理的距離は広がることになります。

組織階層が増えれば増えるほど、情報が上層部に上がりにくくなることは理の当然です。加えて、第2章ですでに指摘したとおり、大きく、古くなった組織では意思決定の能力も低下する。

つまり、大きな会社というのは、極めてイノベーションを起こしにくい特徴を持っている、ということです。

では、どうするか。

若い人に権力を渡せばいい

そもそもの問題として、発言権を与えられていない「年齢が若い人」あるいは「その分野に入って日が浅い人」こそが、重要なイノベーションにつながるアイデアの発案者になるのだとすれば、その人たちに大きな発言権を与える組織を新たに作ればいいではないか、という考え方があります。

これはつまり、そもそも年長者に資源動員をするための権力を与えていること自体が、組織のモデルとして不合理的だという考え方です。

ここでもまた、「年長者が大きな意思決定の権限を持つシステム構造」が、いったいどんな合理性を持つのかという問題が浮かび上がってきます。

私たち日本人は、組織のなかで権力を持つ人は長らくその企業で働いてきた年長者だ、ということをあまりにも当たり前の前提としているため、イノベーションの萌芽につながるアイデアを生み出すのは「とても若い人」か「その分野に入って日の浅い人」だと聞けば、では、それらのアイデアマンと年長者をどうつなぐか、という論点設定をしてしまいがちです。しかし考えてみれば、これは迂遠《うえん》なやり方です。

画期的なアイデア、つまり巨大な富につながるアイデアを生み出す人が「若い人」であり「新参者」であることがわかっているのであれば、その人たちに直接に発言権や資源動員の権力を渡せばいいではないか？　という考えが出てくることになります。

これを社会的に推し進めようとするのであれば、特に高い創造性と知性を持っている人材であればあるほど、大きな組織は避け、資源動員の権力を持った人物と直接に接せられるような小さな組織に行くべきだということになります。

宗教の影響

さて、ホフステードのランキングに立ち戻ってみましょう（88～89ページ）。

あらためて確認して気づく二つ目の点が、宗教によってランキングの位置どりが変わってくる、ということです。

全般的に上位（値が大きい）にあるのはカトリックの国が多く、次に儒教・仏教国が並び、ランキングの下位（値が小さい）にはプロテスタントの国々が並んでいる。

権力格差指標のランキングが、宗教のカテゴリーで整理できるということは、私たちが**年長者や権力者に対してどのように振る舞うべきかという行動様式＝エトスが、依拠している宗教によって規定されている、**ということです。

ホフステードは、韓国や日本などの「権力格差の高い国」では「上司に異論を唱えることをしり込みしている社員の様子がしばしば観察されており」、「部下にとって上司は近づきがたく、面と向かって反対意見を述べることは、ほとんどありえない」と同書のなかで指摘しています。

少なくとも日本の状況に関しては、さすがに「近づきがたく」というのは言い過ぎではないかと思いますが、「上司に異論を唱えることをしり込みしている」や「面と向かって反対意見を述べることは、ほとんどありえない」という指摘は、まあそのとおりだと感じる人が多いのではないでしょうか。

宗教と経済の関係に関する考察といえば、まずはマックス・ヴェーバーの『プロテスタンティズムの倫理と資本主義の精神』が思い浮かびます。

ヴェーバーによれば、プロテスタントの禁欲主義が資本主義の発達につながったということなのですが、権力格差指標のランキングとイノベーションランキングの相関を見ると、ヴエーバーの考察からは大きくこぼれ落ちてしまっているものがあるように感じます。
ヴェーバーの考察は純粋に観念的なものですが、宗教が規定するエトス＝行動様式はまた、そのコミュニティにおけるコミュニケーションのあり方にも大きな影響を及ぼすことになります。

組織やコミュニティ内における上下間の風通しの良さが、帰依している宗教によって大きく変わること、そしてイノベーションの起きやすさが、その風通しの良さとどうも相関がありそうだということは、経済発展の駆動力となる組織や社会の「創造性」に、宗教が規定する行動様式が大きな影響を与えている、ということを示唆しているように思います。

権力格差が年長者を甘やかしている

権力格差の大きい文化圏にいる、ということは、組織上のポジションさえ与えられれば、人望や尊敬、あるいは信頼関係などを抜きにしても、人に命令し、組織を動かすことができる、ということです。これが、組織の上層部にいる人材を甘やかして増長させるであろうことは容易に想像できます。

一方で、権力格差の低い文化圏においてはどうか。

このような文化圏では、たとえポジションが与えられていたとしても、安直に権威を用いて部下を動かすことはできません。なぜその仕事が重要なのか？　という背景説明を含めて、部下を「納得」あるいは「共感」させる必要があります。

これがマネジメントクオリティの向上につながる圧力として機能するのは、ほぼ間違いないでしょう。

リーダーシップ論の大家として知られるジェームズ・クーゼスとバリー・ポズナーによる著書『リーダーシップ・チャレンジ』において、クーゼスとポズナーは、**すべてのリーダーシップの礎《いしずえ》となるのは、リーダーとフォロワーのあいだに形成される「トラスト」**であると言っています。トラストがなければ、どんなに頭脳明晰なビジョナリーであっても、組織を率いることはできない、と。

このトラストという言葉は、直訳すれば「信用」ということになりますが、むしろ**「人望」**と訳した方が適切なように思います。

人望のないリーダーには誰も付き従いたくありません。だからこそリーダーには人望が求められるわけですが、権力格差の大きい国では、たとえ人望がなかったとしても、組織で上のポジションにあれば、権力を発揮して人を付き従わせることができます。

これがリーダー層の勘違いにつながり、彼らを増長させ、劣化させる要因となっているであろうことはすでに指摘したとおりです。

しかし、そのような時代はもう終わることになるでしょう。

支配の根拠

人が人を支配するとき、それはなにによるのか。

マックス・ヴェーバーは著書『職業としての政治』のなかで、人が人を支配する際の根拠として、**カリスマ的支配（本人の資質）、伝統的支配（従来からの慣習）、合法的支配（システムによる権限規定）の三つを挙げています**が、これらの根拠は、現在世界中で進行している「**権力の終焉**」というプロセスのなかで、どんどん脆弱になっています。

情報が透明化し、あらゆる人物が等身大の人間であることを白日のもとに晒されている現代社会において、カリスマであり続けることは極めて難しい。

また、世襲のような伝統的制度による権力の世代交代も、極めて特殊な業界を除いてはほとんど行われていません。

ヴェーバーが指摘した三つの「支配の根拠」のうち、今日にいたってもかろうじて命脈を保っているのは、最後の「合法的支配」のみとなっているのです。

しかし、これもまた企業や事業の短命化が進み、システムの洗い替えがしょっちゅう起こるようになれば、終わることになります。

そうなったとき、これまで組織から権力行使のお墨付きを与えられて人を動かしていた「旧リーダー」たちは、どのようにして人を付き従わせるのか。

余人には打ち出すことのできないビジョンで人をワクワクさせるスティーブ・ジョブズのような人もいるでしょうし、際立った能力はないものの、高潔な人徳によって人を率いる劉備玄徳のような人もいるでしょう。

まさしく、リーダーシップの多様性が求められるということですが、いずれにせよ、問われるのは「あなた個人はどのようにして組織に貢献するのですか」ということであり、単に年を食っている、経験年数が長いというだけではドヤ顔のできない時代がやってきつつある、ということでしょう。

人類史において、なんらかの形のリーダーがいなかった社会は、これまで存在したことがなかったと見てよいであろう。違う点があれば、それはリーダー選出の要件なのである。それが腕力・武力に基づくか、血統に基づくか、金権に基づくか、階級に基づくか、迷信的畏怖《いふ》に基づくか、宗教的権威に基づくか等々、さまざまであったが、では平等社会ではどうなるのであろうか。

山本七平『人望の研究』

出世したのだから優秀なのだろう、は危険な考え方

さてここまで、私たち日本人は、ほかの文化圏にある人と比較して「年長者は偉い、尊重しなければならない」と考える傾向が強いということを指摘した上で、そのような「ゲタ」が年長者へのフィードバックの欠如へとつながり、増長させているということを指摘しました。

このような指摘に対して「確かにそうかも知れないが、組織の上層部まで出世した人は、やはり高い能力の持ち主なのだから尊重するべきなのではないか」という反論があるかも知れません。

しかし、それは誤りです。組織のポジションと能力や人格には、統計的にあまり相関がないことがわかっているからです。

実績や能力と昇進がどのように関連しているのかについては、過去に広範かつ組織的な調査が行われています。結論からいえば、組織におけるポジションの高低と実績や能力にはあまり関係がありません。

これは予定説を考えてもらえればわかりやすい。

予定説というのは、キリスト教プロテスタントの教義で、神の救済にあずかれるかどうかはあらかじめ決まっており、この世で善行を積んだとか、悪行を重ねたといったこととは、関係がない、という考え方のことです。

筆者は前著『武器になる哲学』において、ほとんどの企業の人事評価は、このキリスト教プロテスタントの予定説のようなもので、誰が高い評価を得るかはあらかじめ決まっており、その既定評価と帳尻が合うようにして、評価制度という茶番は運営されているという指摘をしました。そして実際に、各種の研究結果は、それが事実であることを示しています。

スタンフォード大学ビジネススクールで組織行動論の教鞭をとっているジェフリー・フェファーは、著書『「権力」を握る人の法則』において、組織内で出世して権力を得た人は、優秀だから出世したのではなく、野心的かつ政治的に動いたから出世したのだ、と指摘しています。

フェファーは同書で「実績と昇進の関係においてはこれまでに数多くの組織的な調査が行われているが、仕事ぶりや能力は昇進や人事評価にはあまり関係がないことがわかっている」と主張しています。

出世した人は野心的かつ政治的だった、というフェファーの指摘をもう少しナマナマしく言い換えれば、「出世した人は、強欲で権力志向が強く、プライドを捨てて上司にオベッカを使ったから出世したのだ」ということになります。

つまり「出世した人を敬うべきだ」という命題を言い換えれば、「強欲で権力志向が強く、プライドを捨てて上司にオベッカを使う人を尊ぶべきだ」ということになります。多くの人は、この命題に対して強い違和感を覚えるはずです。

年長者の本質的な価値とはなにか

さて、ここまではホフステードの権力格差指標などを引きつつ、私たちは「オッサンを尊重するべきなのか？」という問題について、検討してきました。ここからは視野の時空間を少し広げて、この問題を考察してみましょう。

権力格差の問題を考えるにあたって、押さえておかなければならないのは、「年長者を敬わなければならない」という社会的規範の程度には民族差が確かにある、ただし、それは程度差の問題であって、ラジカルに「年長者を敬う必要はない」と考えている民族もまたない、という点です。

つまり、どのような社会であっても、それなりの程度には「年長者というのは敬うべきだ」と考えられている、ということです。

このような規範がこれほどまでに広い範囲で共有され、長いこと維持されているということは、この規範が進化論的に合理的だったからだ、と考えることができます。道徳や規範は人為的に設定したからといって、浸透するものではありません。

一見すれば、例えば西欧社会に通底しているキリスト教道徳は、人為的に形成されたモラルが浸透した結果のように思われるかも知れませんが、実際には古代以来、数多くの宗教が現れ、独自の規範やモラルを提唱してきたなかで、結果的にキリスト教の提示する規範とモラルが淘汰をくぐり抜けて広く普及した、と考える方が自然です。

つまり道徳や規範というのは、生物と同じように「進化」するということです。

ではなぜ「年長者は敬うべきだ」という規範は、淘汰をくぐり抜け、ここまで広範囲に浸透したのでしょう。

ここで、そもそも年長者が社会やコミュニティにもたらしていた本質的な価値とはなんだったのか？　という問題について考えてみましょう。

「データベース」としての役割

人類は、誕生から20世紀前半くらいまでの長いあいだ、「さしてライフスタイルが変わらない」という時代を過ごしてきました。そのような時代であれば、年長者の持っている過去の経験は、問題に対処する際に頼もしい「知恵」となったでしょう。若い人たちにとっては「はじめて向き合う新しい問題」であったとしても、それは年長者にとっては「すでに経験済みの問題」だからです。

どういう対処がうまくいって、どういう対処をするとマズイことになるのかという知識は、コミュニティの存続にとって、とても重要だったはずです。ここに、世界中で長いこと「年長者は敬うべきだ」という規範が共有されてきた理由があります。

つまり、原始時代から情報革命までの長いあいだ、組織やコミュニティにとって、年長者

というのは一種の「データベース」だったということです。

蓄積される経験や知識の量は、単位時間当たりの入力量が同じであれば、時間の長短によって決定されることになります。

つまり年長者＝長く生きている人は、経験や知識の量において、相対的に若い人よりも優れており、だからこそ組織やコミュニティで年長者は尊重されたわけです。なぜなら、年長者をないがしろにすることで、その組織やコミュニティの問題解決能力は低下することになるからです。

ところが20世紀の後半以降、この価値を大きく毀損する三つの変化が発生します。

年長者の価値を毀損する三つの理由

社会変化のスピードの速さ

一つ目は「社会変化のスピード」です。

原始時代から20世紀の前半くらいまでの長い期間、人のライフスタイルや社会の仕組みは、数百年という長い時間をかけて、ゆっくりと変わるものでした。ところが20世紀の後半以降、たった数十年、場合によっては数年という単位で、大きくライフスタイルが変わるような状況が発生します。

このような状況になると、年長者が長い期間をかけて蓄積してきた経験や知識は、組織やコミュニティにとってあまり価値のあるものではなくなります。なぜなら、向き合う問題が年長者にとっても若者にとっても新しい問題なのであれば、問題解決の能力はむしろ若者の方が優れているからです。

問題解決のアプローチには大きく「ランダム（直感によって回答を得る）」「ヒューリスティック（経験則によって回答を得る）」「オプティマル（論理によって回答を得る）」の三つがあります。

これを経営学者のヘンリー・ミンツバーグが提唱する経営の三要素、つまり「アート」「クラフト」「サイエンス」に対応させれば、直感や勘を用いる「ランダム」は「アート」に、手間をかけずにいい線を行く答えを求める「ヒューリスティック」は「クラフト」に、分析と論理によって最適解を求めようという「オプティマル」は「サイエンス」に、それぞれ該当することになります。

このうち、過去に類似した事例があるのであれば、「クラフト」は有効なアプローチだったかも知れませんが、向き合う問題が未曽有のものだとすれば、経験に基づいて解を創出するというクラフトのアプローチは有効に機能しません。

そうなると「アート」か「サイエンス」の出番ということになるわけですが、容易に想像できるように、この二つをどれくらいうまく使いこなせるかは、年齢とあまり関係がありません。というより、むしろ**「大胆な直感」や「緻密な分析・論理」は、全般に年齢の若い人の方が得意**だということがわかっています。

流動性知能と結晶性知能

知性と年齢の関係については様々な研究がありますが、ここでは代表的なものとして心理学者・キャッテルの**流動性知能**と**結晶性知能**の枠組みを引いてみましょう。

流動性知能とは、推論、思考、暗記、計算などの、いわゆる受験に用いられる知能のことです。先ほどの枠組みを用いて説明すれば、流動性知能というのは、分析と論理に基づいて問題解決をする際に用いられる類の知能だということになります。

一方の結晶性知能とは、知識や知恵、経験知、判断力など、経験とともに蓄積される知能のことを言います。つまり、先ほどの枠組みを用いて説明すれば、経験則や蓄積した知識に

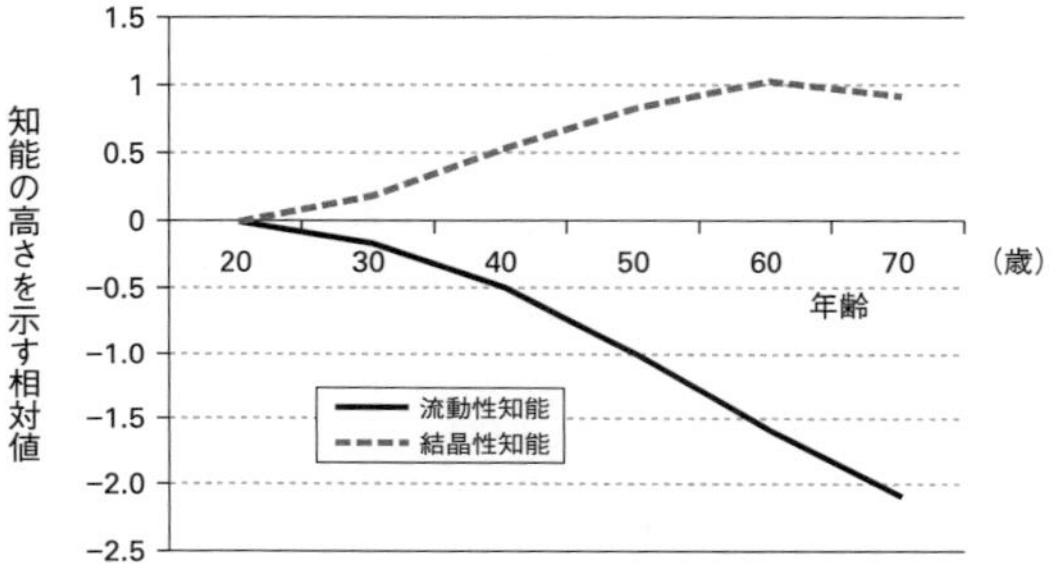

20歳の平均値をゼロとして、加齢に伴う知能の変化をイメージ図として表した。

出典：日経スタイル
https://style.nikkei.com/article/DGXMZO79123750R31C14A0000000
以下の2つの論文をもとに諏訪東京理科大学・篠原菊紀教授が作図：Horn JL, et al. Acta Psychol(Amst). 1967;26(2):107-29.　Baltes PB, et al. American Psychologist, 2000 Jan; 55(1):122-36.）

図5　流動性知能と結晶性知能のピークに達する年齢の違い

基づいて問題解決をする際に用いられる類の知能だということです。

さて、ここが重要な点なのですが、二つの知能ではピークに達する年齢が大きく異なります。図5にあるように、流動性知能のピークは20歳前後にあり、加齢とともに大きく減衰していくことになります。一方の結晶性知能は成人後も高まり続け、60歳前後でピークを迎えることになります。

これが、かつての「定常社会」において、60歳前後の長老が大きな発言権を持ち、皆から尊敬を集めた理由だと考えればとてもわかりやすい。

過去の経験の蓄積によって発揮される結晶性知能のピークが60歳前後なのだとすれば、

そのような知能を有する年長者は、組織やコミュニティにおいて非常に重要な存在だったはずです。

　そのような社会では、新しい問題については流動性知能に優れる若者たちが向き合い、直感の通用しない複雑な問題については、過去の経験知を蓄積した長老が向き合うという形で役割分担し、組織やコミュニティを維持していたのでしょう。

　しかし先述したように、現在の社会は極めて変化が早く、10年もすれば大きく環境が変わってしまう世の中になっています。

　本書執筆時の２０１８年から過去を振り返れば、スマートフォンの嚆矢《こうし》となったアップルのｉＰｈｏｎｅが登場したのが、たった10年前の２００７年の１月です。当時はまだ、ビッグデータや人工知能、あるいはブロックチェーンや仮想通貨などに関する話題がほとんど議論されていなかったことを思い返せば、**たった10年で景色や力学が大きく変わってしまう世の中に、私たちは生きている**のだということがあらためて実感されます。

　このような時代にあって、果たして50年前の経験や知識が、新たに発生してくる問題に対処する際、本当に有効な「知恵」になりうるのかと考えてみれば、甚だ心もとないと言わざるを得ません。

情報の普遍化

次に、年長者の価値を毀損する三つの理由のうちの二つ目として、「情報の普遍化」という点を考えてみましょう。

原始以来、コミュニティにおける年長者の価値の本質がデータベースだったということはつまり、年長者が蓄積していた「情報」こそが、その価値の源だったということになります。

人類にとって、情報は長いこと「物理的なモノ」と一対の関係にありました。情報を手に入れようと思えば、その情報が記載されている物理的なモノ＝石版や木簡を、あるいはグーテンベルク以降であれば、情報が転写された紙を手に入れる必要がありました。

しかし紙や書籍などの物理的なモノ自体が希少であった時代に、適時に必要な情報にアクセスすることは必ずしも容易ではありません。そのような状況であれば、過去の様々な情報を記憶している年長者の脳は、ランダムアクセスを可能にする貴重なデータベースであったことは容易に想像できます。

このような時代が原始以来、おそらく何万年も続いていたのだとすれば、年長者はコミュニティにとって貴重な情報の担い手である、という規範は本能レベルにまで組み込まれたとしてもおかしくはありません。

なぜなら、年長者がそのような重要性を有している以上、年長者を敬わないコミュニティは、年長者を敬うコミュニティよりも、相対的に生存率が低かったと考えられるからです。

姥捨山とブラックスワン問題

働けなくなった老人を捨て去る、いわゆる「姥捨山《うばすてやま》」の伝説は世界中にありますが、この伝説は基本的に二つの型からなっています。

一つの型は年取った親を山に捨てようとするが、帰路に迷うことのないようにと、老親が木の枝を折って道しるべにしていることに気づいた子供が親心のありがたさに感じ入り、姥捨をやめるという話。もう一つの型は「棄老国《きろうこく》」説話で、棄老の掟《おきて》がある国に難問が発生した際に、隠し養っていた老親がこれを解決し、王は老人の持つ知恵が貴重であることを認め、以来敬老の国となる、という話です。

こういった説話は、例えば柳田國男の『遠野物語』にあるような、極めて日本的な伝説だと思うかも知れませんが、特に後者の「難問解決」型はインドに起源があり、アジアやヨーロッパの広範囲に古代から存在していることがわかっています。

つまり「老人の知恵はコミュニティの存続にとって重要なものだ」という価値観を諭す伝説は、古代以来、多くの文明で受け継がれてきた、ということです。

私たちは生活のなかで様々な問題に向き合うことになるわけですが、これらの問題の発生頻度は一定ではありません。毎日のように起こるトラブルもあれば、数十年に一度しか起きないようなもの、いわゆる「ブラックスワン問題」もある。

近年のたとえでいえば、リーマンショックなどの大規模な経済恐慌や東日本大震災のような天災は、数十年に一度しか起きませんが、一度起きれば壊滅的なインパクトをもたらす問題ということになります。

そして、このような「ごく稀にしか発生しない大きな問題」についての経験は、長く生きている人に蓄積されることになります。

古代以来、多くの文明で「棄老国」の物語が連綿と受け継がれてきたということは、この事実、つまり毎日起きるような些細な問題については、若者と年長者でそれほど問題解決の能力が変わるわけではないが、ごく稀にしか起きない難問については、年長者の方が蓄積した経験ゆえに、高い問題解決能力を持つことを忘れてはならない、という教訓が重要だと考えられていた証左と言えます。

確かに、情報が物理的なモノと一対のものとして記録されていた時代であれば、そうだったでしょう。

しかし、現在は「情報の普遍化」がものすごい勢いで進んでいる社会です。グーグルは「情報を整理し尽くし、世界中の誰もがアクセスできるようにする」というミッションを掲げていますが、これはまさに「情報を普遍化させる」と言っているわけです。

過去の事件や事故の記録が、すべて詳細な情報として記録され、それがいつでも、どこでも、誰にでもアクセスできる社会が到来したとき、これまで長いこと「コミュニティ存続のための貴重な情報を保持するデータベース」として尊重されてきた年長者の価値が相対的に減少するのは、当然のことと考えられます。

寿命の増進

最後に、年長者の価値が毀損される三つ目の理由として挙げたいのが、「寿命の増進」です。

平均寿命が非常に短かった時代にあっては、長生きする人はごく少数でした。ごく少数の老人が、ごく稀にしか発生しない大きな問題についての経験知を有しているのだとすれば、これらの年長者がコミュニティにおいて尊重されるのは、ごく当然のことだったでしょう。経済学的にいえば、情報についての需要と供給のバランスが、需要側に大きく振れている状態です。

ところが20世紀の後半以降、医療や食糧事情の改善によって平均寿命は飛躍的に伸長し、長生きする人がずっと多くなると、個人個人が持っている経験や知識の重要性は相対的に目減りすることになります。

大きな変革が求められる社会システム

以上、ここまで「コミュニティにおける年長者の価値」について、その価値がなぜ生まれるのか、そして、その価値がなぜ毀損するのかという点を考察してきました。

ここで誤解を防ぐために一点だけ注記しておきたいのですが、筆者自身は極めて古典的な道徳観念の持ち主なので、功利的な側面からではなく、道徳的規範として「年長者は敬うべきだ」と考えています。

長く生きてきた、ということは、それだけ哀切を積み重ねてきたということです。そのような経験をしてきた人に対して「いとおしい」と感じるのは人間としてごく自然なことではないかと思いますし、そのような感情をまったく持たない人は、率直に言って戸惑いを通り越して非常に不愉快です。

したがって、ここで指摘した三つの要因については、個人的な規範を一旦は横に置いておいて、価値の発生するメカニズムと、その価値が毀損される環境変化要因をまずはニュートラルな立場として明らかにした、ということです。

なぜこのような考察をしたかというと、この問題は、私たちが健全な社会やコミュニティをこれから形成、維持していく上で、重大な懸念を投げかけていると感じているからです。

年長者が尊重され、大事にされる社会やコミュニティであればこそ、若者も中年もまた、将来は社会やコミュニティが尊重し、大事にしてくれると感じ、安心して働いて税金を納めていたのではないでしょうか。

私たちの社会システムは、基本的にすべてこのような、年長者ほど能力も見識も高く、であるがゆえに地位も報酬もまた高い、という前提の上に成り立っています。しかし、すでに考察してきたように、この**「年長者ほど能力も見識も高い」という前提は、おそらく今後は成立し得えない。**

年長者だからといって、別に能力や見識に優れているわけではない、むしろ若者の方が優れているのではないかと多くの人が考えるようになれば、現在の社会システムとは大きな齟《そ》齬《ご》が生まれることになります。

次章以降、この問題について考察していきましょう。

年老いた者が賢いとは限らず、
年長者が正しいことを悟るとは限らない。

『旧約聖書ヨブ記』

第6章　サーバントリーダーシップ
――「支配型リーダーシップ」からの脱却

サーバントリーダーシップの時代へ

これまでに考察してきたとおり、私たちの寿命は伸長し続けており、近い将来に「寿命100年」という時代がやってくる可能性があります。一方で、様々な環境変化要因によって、知的パフォーマンスのピークが若年化する圧力が働いている。

このような状況で、では年長者が組織や社会にもたらす貢献はなにか？　という問いが浮上することになるわけですが、これに対するもっともシンプルな答えは「サーバントリーダーシップの発揮」ということになります。

サーバントリーダーシップは、もともと米国のロバート・グリーンリーフによって提唱された概念です。グリーンリーフはキャリアのほとんどを通信会社AT&Tで過ごしながら、マネジメントとリーダーシップに関する研究を続け、それまで米国で優勢だった「支配型リーダーシップ」が機能しない時代がやってくることを指摘し、権力に頼らない「支援的なリーダーシップ」としてサーバントリーダーシップという概念を提唱しました。

その後、グリーンリーフはAT&Tを早期退職し、教育コンサルタントとして第二の人生を歩みはじめ、60歳になるときに応用倫理研究センターを設立し、以降1990年に亡くなるまで、ハーバードをはじめとした大学での講義や執筆を通じて、サーバントリーダーシップの普及支援に努めました。

グリーンリーフの提唱したコンセプトは現在でも高く評価されており、例えば「学習する組織＝ラーニングオーガニゼーション」研究の第一人者であるピーター・センゲは、グリーンリーフの著書『サーバントリーダーシップ』を「リーダーシップを本気で学ぶ人が読むべきものはただ一冊、本書だけだ」とまで評しています。

パラレルキャリアの走り

このグリーンリーフの人生そのものが、これからの「シニアのあり方」について、大きな示唆を与えてくれるように思うのです。

グリーンリーフは、AT&Tという、当時世界でもっとも大きい会社の一つに所属しながら、在野のアマチュア研究者として「これからのリーダーシップのあり方」についての考察を深めました。これはパラレルキャリア（本業を持ちながら別の活動を行うこと）の走りと言えます。

パラレルキャリアで重要なのは、リスクとリターンの性質の異なる仕事を組み合わせる、ということです。大きなリターンは見込めないものの安定している仕事と、リターンの振れ幅が大きく、不安定な仕事を組み合わせることで、下方リスクはミニマムに抑えながら、上方リスクは維持するという戦略です。グリーンリーフのキャリアは、その点から理想的な組み合わせの例と言えます。

加えて指摘すれば、知的発達という点についての示唆も見逃せません。ともすれば知的刺激が少なく、経験の質が劣化しがちな大企業に勤めながら、片方ではマネジメントとリーダーシップの研究によって、キャリアを通じて常に「読み、考え、書く」ということを継続してきたことで、汎用性が高く、簡単には時代遅れにならない種類の結晶性知能を構築し続けたであろうことが窺われます。

その考察の末にサーバントリーダーシップというコンセプトに行き着いたグリーンリーフは、AT&Tを早期退職して自らのポジションを後進に譲ったのち、自分が価値があると考えるコンセプトの普及をライフワークとして研究所を設立。教育機関での講演、執筆などで忙しくも充実した時間を人生の最後まで送ることになります。

安定した職業につきながら知的に怠惰な生活に堕することなく学び続け、学んで得た結晶としての「叡智」を後半生になって広めることに捧げ尽くした。これは理想的なサードステージの過ごし方でしょう。

では、グリーンリーフの主張したサーバントリーダーシップとはどのようなものでしょうか。

支配型リーダーとサーバントリーダーの違い

次ページ図6は、支配型リーダーとサーバントリーダーがどのように違うかをまとめたものです。

支配型リーダーの項を読めば、これはいかにも従来型の「管理職」のイメージであることがわかります。このようなリーダーシップがやがて機能しなくなるであろうことを、1960年代においてすでに指摘したグリーンリーフの慧眼には驚かされます。

両者の対比を読めばすぐにわかるとおり、支配型リーダーが自分の立脚点としているのは、「自身の経験に基づく有能さ」です。前提となっているのは「自分は部下よりも経験・知識の両面において優れている」という認識であり、だからこそ「思考し、命令するのは自分」であり、「命令に従い、実行するのは部下」だということになっています。

しかし、このモデルは環境変化が激しく、過去の経験や業務知識が10年と経たないうちに

	支配型リーダー	サーバントリーダー
モチベーション	大きな権力の座につきたい	地位にかかわらず、他者に奉仕したい
重視すること	競争を勝ち抜き自分が賞賛されること	協力して目標を達成し、皆がウィンウィン
部下への影響力の持ち方	権力を使い、部下を畏怖させる	信頼関係を築き、部下の自主性を尊重
コミュニケーション方法	部下に対し、説明し、命令する	部下の話を傾聴する
業務遂行方法	自身の能力を磨き、その自信をもとに指示	コーチング、メンタリングから部下とともに学ぶ
成長への考え方	社内でうまく立ち回り、自身の地位をあげて成長	個人のやる気を重視し、組織の成長と調和させる
責任への考え方	失敗した際にその人を罰するためのもの	責任を明確にし、失敗から学ぶ環境を作る

出典：Ann McGee-Cooper, Gary Looper, *The. Essentials of Servant-Leadership: Principles in Practice,* Pegasus Communications, 2001.

図6　支配型リーダーとサーバントリーダーの比較

使いものにならなくなるような時代には、うまく機能しません。

支配型リーダーが、現場の実情や市場の競争状況と乖離した過去の知識や経験をもとにして独善的に指示するばかりで、現場からの声を傾聴することがなければ、やがてその組織の士気はこれ以上ないほどに停滞し、組織メンバーは「なにを言ってもムダだ」という無気力状態に陥ることになるでしょう。

筆者の見るところ、これは特に日本の大企業の多くで起きていることだと思います。

この**「現場での経験や知識が、管理**

職になったときの自分の権威＝オーソリティの形成につながらない」という時代は、グリーンリーフの予言どおり、20世紀後半から21世紀前半の現在にかけて、多くの企業の現場で起きていることだと思われます。

必要なのはリーダーシップのパラダイムシフト

そしてこの構造変化は、当然のこととして「オッサンの地位の劣化」を招くことになります。

環境変化に合わせた知識のアップデートを怠るような知的に怠惰な管理職の知識や経験は、すぐに腐って不良資産化します。この「腐った知識」をもとにして部下に指示を出し、その指示どおりに部下が動けば、組織のパフォーマンスは低下して管理職としての成果責任を問われ、その逆に、部下がその指示を無視し、勝手に動けば「このクソ部下どもが言うことを聞かねえ」とフラストレーションを感じることになり、いずれにせよ強いストレスを抱え込むことになります。

「ソコソコの大学を出てソコソコに働いていればウマイこと逃げ切れる」という、かつての「大きなモノガタリ」を聞かされながら若年期を過ごした人々からすれば、このような現在の状況、つまり「ソコソコの大学を出てソコソコに働いている」のに、家庭でも会社でもリスペクトされず、邪魔モノ扱いされるという状況を生み出した「社会」に対して、一種の怨《えん》恨《こん》を抱え込むことになったとしても不思議ではありません。

そしてその怨恨が、交通機関や医療施設など「顧客という相対的に強い立場が得られる場所」において、アルコールというトリガーをきっかけにして暴発しているのだと考えれば、そのミジメさには悲哀を覚えずにいられません。

この問題を解決するには、リーダーシップのありようについて、現在の私たちが趨勢として有している「支配型リーダーシップ」という枠組みから離れることが必要です。

リーダーは人格・見識・知識・経験のすべてにおいて部下より優れており、リーダーは部下に対して指示命令を下し、部下はリーダーの指示命令を実行するものだ、という組織モデルのあり方そのものを書き換える、いわばリーダーシップのパラダイムシフトを起こすことが必要だということです。

若手がリーダーシップを発揮する組織へ

ここまで、これからの年長者の存在意義は、サーバントリーダーシップの発揮にかかっているという指摘をしました。

このように聞けば、サーバントリーダーシップの獲得と発揮について、その責任は一方的にオッサン側にあるように思われるかも知れません。

もちろん、それはそれで半分は正しく、サーバントリーダーシップの発揮については、当のオッサン側が、これまでの支配型リーダーシップのパラダイムから離れ、組織や社会における自己の存在意義についての認識をあらためる必要があります。

しかしでは、オッサンたちが、指摘したようなリーダーシップに関する認識の書き換えを行い、サーバントリーダーシップを発揮しようとしたとして、我が国の状況は変わるでしょうか。カギは、若手・中堅世代のリーダーシップにかかっています。

なぜなら、**オッサンたちがどれだけサーバントリーダーシップを発揮できるかは、イニシアチブを取って自ら動き出す若手・中堅がどれくらい出てくるかにかかっているからです。**

サーバントリーダーシップのエッセンスは「支援」です。リーダーシップを発揮してイニシアチブを取ろうという若手・中堅に対して、オッサンならではの人脈・金脈・ポジションパワーを持ち出して、この若手・中堅を「支援する」というのがサーバントリーダーシップの、まずは「わかりやすいカタチ」です。

つまり、これは**「イニシアチブを取って動こうとする若手・中堅」**の存在を前提にした**モデル**であり、そのような若手・中堅が出現してこないことには、オッサンとしてもサーバントリーダーシップを発揮しようがありません。

リーダーシップは「関係性」

よく勘違いされていることですが、**リーダーシップというのは「個人の属性」ではありません。**例えば「あの人は論理思考に長けている」とか「あの人はプレゼンが上手だね」という言い方をしますが、これらは能力であり、個人の属性に関する言及です。

同じようなニュアンスで「あの人にはリーダーシップがありますね」という言い方をすることがありますが、これは言い方としては正しくありません。実際には「周りの人はあの人にリーダーシップを感じていますね」と言うべきであって、ある個人に内在的にリーダーシップという属性が備わっているわけではない。つまり、**リーダーシップというのは「関係性」に関する概念**だということです。

関係性の問題である限り、リーダーが変わるだけではリーダーシップは変化しません。**リーダーシップのありようが変化するためには、リーダーとフォロワーの両方がともに変わる**

必要があります。

繰り返しになりますが、サーバントリーダーシップの発揮については、その前提として、若年層からイニシアチブを取って動き始める人が出てくることが必要です。そのような人たちが現れ、はじめて年長者はサーバントリーダーシップを発揮することができる。

権力を持った年長者の傘の下で適当にやり過ごしていれば、そのうち美味しいポジションをもらえるだろう、などと生っチョロイことを考えている若手ばかりの組織では、年長者としてサーバントリーダーシップを発揮しようがありません。

サーバントリーダーはバカでも構わない――白瀬矗と大隈重信

サーバントリーダーシップを発揮するためには、別に高度な知性やスキルは必要ありません。わかりやすくいえば、**フトコロさえ深ければ、サーバントリーダーは「バカでも構わない」**のです。

南極探検隊を組織した白瀬矗《のぶ》と、これを支援した大隈重信の関係性を確認してみましょう。

国際関係の緊張に伴い、資源確保の重要性について考えていた白瀬矗中尉は、それまでどの国も手付かずだった南極にいち早く目を付け、探検隊を送って踏査することを企画、提案します。

当時、イギリスとノルウェーもまた同様のことを計画していたことを考えれば、この白瀬中尉のアイデアは、実に国際感覚に優れたものであったわけですが、残念ながらこの提案は文字どおり「世迷《よま》いごと」として受け取られ、挙句の果てに「白瀬は南極に行くより病院に行った方がいい」などと揶揄されてしまいます。

しかし、そんななか、この提案に興味を示す大物が現れます。早稲田大学創設者の大隈重信です。

大隈は、周囲からキワモノ扱いされて煙たがられていた白瀬の提案に興味を示し、自身が運動して南極探検を実現させるべく、奔走します。

その支援のレベルがタダゴトではない。

例えば、南極への出発が用船問題の難航で遅延した際には、知人を自宅に招待して白瀬とともに用船確保の説得にあたったり、また自身が会長となる南極探検後援会を発足させ、政財界や新聞社の協力など各方面に支援を呼びかけたりと、まさに持てる人脈・金脈を総動員して白瀬のイニシアチブをバックアップします。

つまり、極めて高水準のサーバントリーダーシップを発揮したということなのですが、この物語から得られる示唆に富んだ教訓はまだあります。

ついに白瀬の念願が叶い、南極探検へと出港するというとき、大隈重信は次のようなアドバイスを白瀬に送ります。

曰く「南極は地球の最南端にある。南洋でさえあれだけ暑いのだから、南極はさらに暑いだろう。暑さにやられぬよう十分に気をつけたまえ」と。

これを聞いたときの白瀬中尉の気持ちはいかばかりであったか、記録に残っていないため、想像するしかありませんが、かなり複雑なものがあったはずです。

この人は、あれほどなにくれとなく自分の探検計画を支援してくれたわけだが、南極というのがどういう場所なのか、まったく知らなかったんだ……と。

しかし、それで構わない。つまり「サーバントリーダーシップの発揮」という問題と「具体的な計画に関する知識やスキル」という問題は、まったく別のものであり、特に後者については、別に無知であってもサーバントリーダーシップは十全に発揮できるということです。

大きな支援のできる大物の欠如

このエピソードについて、かつて昭和基地南極越冬隊の隊長を務めた西堀栄三郎は、「イノベーションには大物とバカが必要。とてつもないことを考えるのがバカで、これを支援するのが大物」だと指摘した上で、日本でイノベーションが停滞している理由については「とてつもないことを考えるバカは大勢いるけれども、これを支援しようとする大物がいない」と重ね、さらに「大物は優秀である必要はない、白瀬中尉を支援した大隈重信は、南極は暑いから気をつけろとアドバイスするほどのバカだった」とまとめています。

　つまり、**日本からイノベーションがなかなか起きないのは、とてつもないことを考える若手が少ないということではなく、これを大きく支援できる大物、サーバントリーダーシップが欠如している**と言っているのです。

　昨今の日本では、このような場合、どういうことが起きるかというと、おそらく白瀬中尉の計画について精査し、お門違いの知識や経験を持ち出しながら、「あれはどうなっている、ここはどうするんだ」と重箱の隅を突《つつ》くようなリスクの洗い出しを行い、結果的に「時期尚早だな、さらなる検討・精査を続けてくれ」ということで潰されるのがオチでしょう。

　なぜこのようなことが起きるかというと、**リーダーというのは、そもそも部下よりも知識や経験が豊富であり、であるからこそより高品質の意思決定ができる、という思い込みがある**からです。

しかし、本書で何度も繰り返しているように、知識も経験もアップデートし続けなければすぐに不良資産化してしまいますから、このような支配型リーダーシップが続く限り、日本でイノベーションを再興させることは難しいと思います。

潰されかけた新幹線プロジェクト

我が国が成し遂げたイノベーションのうち、後世の人にもっとも豊かな実りを残したものを挙げてください、とお願いすると、必ずリストの上位に入ってくるイノベーションがあります。東海道新幹線です。

この東海道新幹線のプロジェクトもまた、サーバントリーダーシップによって実現されたイノベーションの事例と考えることができます。

新幹線の可能性が議論され始めた昭和30年代、時速２００キロで走る弾丸列車は「原理的に不可能」だというのが、鉄道専門家の意見でした。

当時、列車の脱線事故がしばしば発生しており、鉄道専門家はその原因を「レールの歪み」にあると考えていました。低速で走行している際には問題ないのですが、高速を出そうとするとレールの歪みが問題となり、脱線してしまうというのです。したがって、時速２０

0キロで走る列車など作れるわけがない、というのが鉄道専門家の意見だったわけです。

これに対し、航空機の研究から身を転じた新参の若手エンジニアたちは、「脱線はスピードを出したときに起きる、これは振動の問題であり、振動制御によって解決することが可能である」と主張します。

長年、鉄道技術の本流を歩んできた古参の技術者と、昨日まで航空機の研究をやっていた新参の若手技術者が意見を戦わせれば、結論は目に見えています。

新参の研究者は、やはり白瀬中尉と同じようにキワモノ扱いされて煙たがられ、当時の日本国有鉄道の技術本部ではなく、その下請けとなる実験部門に追いやられることになります。

しかし、そのような場所でいくら吠えていても事態を打開することはできません。自分の直属の上司たちは、古い常識で凝り固まった古参の鉄道技術者たちなのです。彼らを説得して上層部に提案できる機会がやってくるとは考えられません。

国鉄総裁のサーバントリーダーシップ

そこで一計を案じた新参の研究者は、「東京＝大阪3時間の可能性」と銘打ったシンポジウムを実施し、マスコミにこれを取材させて記事にし、世論を「新幹線待望論」に誘導していくことを考えます。

果たせるかな、それらの記事に目を留めた当時の十河《そごう》信二国鉄総裁から連絡をもらい、同じ内容の講演を国鉄総裁をはじめとした幹部の前で行うように命じられます。御前講演です。

当時、勃興する航空産業に対して、鉄道は斜陽産業だと考えられていました。航空機であれば2時間で行ける東京＝大阪間を、誰が好き好んで7時間ものあいだ列車に揺られて行くでしょうか。鉄道はローカルな移動手段としてその存在意義を縮小させ、長距離の移動は航空機が主流になると考えられていた矢先だったという、時代のタイミングも左右したのでしょう。

結局、この御前講演以後、十河国鉄総裁は国会への説明、世界銀行約款の依頼など、国鉄総裁でなければ決してできなかったであろうサーバントリーダーシップを発揮し、東海道新幹線を実現するために獅子奮迅の働きを見せることになります。

東海道新幹線のプロジェクトにおいてもまた、技術面での現実的な裏付けを行ったのは、むしろ組織のなかにおける若手・中堅層であり、トップである十河国鉄総裁は、その実現にむけて人脈・金脈での支援に徹しています。

多くのイノベーションは仔細に検証してみれば、必ずこのような、イニシアチブを取って動き出す若手・中堅と、そのイニシアチブを背後から支援するサーバントリーダーという構図が見られます。東海道新幹線はそのもっともわかりやすく、またもっとも実り豊かな事例の一つだと考えられます。

本当の結晶性知能＝教養

知的パフォーマンスのピークが若年化する社会において、年長者の知的パフォーマンスの劣化を防止するアプローチが、実は一つだけあります。

それは「劣化しない結晶性知能を身につける」という考え方です。

特にサーバントリーダーシップを発揮して、血気盛んな若手に対してコーチング、メンタリングを行おうとすれば、実務的な知識よりも、より深い思考を促すような本質的な問いかけを行うための「教養」が必要ということになります。

つまり、10年も経てば劣化してしまうような「旬の短い知識」ではなく、何十年というあいだにわたって効果を発揮するような知識を入力すべきだということです。

ファイナンス理論では、投資対象の価値を割引率という概念を用いて算出します。価値を発揮する期間の不確かさが増せば、割引率は大きくなり、投資対象の正味現在価値は小さくなり、逆に価値を発揮する期間の確かさが増せば、割引率は小さくなり、投資対象の正味現在価値は大きくなる。

個別企業の企業価値であれば、変動リスクは株式市場の動きと個別株式の価格変動との対比から算出されるわけですが、では、「ある知識の旬の長短」は、どのようにして判断することができるのでしょうか。

知識の旬の長短を見分ける方法

極めて簡単な方法があります。それは、その知識がこれまでに活用されてきた期間の長短で判断する、という方法です。

どういうことでしょうか。

私たちは一般に、古いものほど余命は短い、と考えがちです。70歳の男性と20歳の男性を比べれば、70歳の男性の方が余命は短いだろうと保険会社は考えます。

同じ考えを知識に当てはめれば、古い知識と新しい知識を比べて、古い知識の方が、余命は短いということになるわけですが、ここに大きな誤謬《ごびゅう》があります。なぜなら、人間は「壊れるもの」ですが、情報は「壊れないもの」だからです。

ロゼッタストーンに記されているのは、紀元前196年に出されたプトレマイオス5世の善政を称える神官たちの布告文ですが、劣化はまったくなく、当時に書かれた内容と同じものを今でも読むことができます。つまり「情報は劣化しない」ということです。

壊れるものと壊れないものでは、古さと余命について逆の関係が成り立ちます。すなわち、壊れるものは、一日経つごとに余命が短くなる。壊れないものについては、一日経つごとに余命が長くなる。

一度聞いただけでは理解しにくいかも知れないので、例を挙げて説明しましょう。

ここに40歳の男性がいたとして、簡易的に彼の余命を予測するには、平均寿命から現在の年齢を差し引きます。1年経過してこの男性が41歳になれば、余命は経過した1年分短くなる。

一方で、壊れないものについては、この逆が成り立ちます。ここに50年前から読まれ続けている本と、5年前から読まれている本があるとき、前者の本の方が、より長い期間、これからも読まれ続けると考えていい。

「壊れるもの」は時間を経過するごとに老いていきますが、「壊れないもの」は時間を経過するごとに若返っていく、ということです。

反脆弱性

ナシーム・ニコラス・タレブは、近著『反脆弱性』のなかで、この現象について次のように説明しています。

> ゴット（筆者注：物理学者のリチャード・ゴットのこと）は1993年5月17日のブロードウェイ・ショーの一覧を作り、その時点でいちばんロングランのショーが最後まで残り、その逆もまた成り立つと予測した。彼の予測は95パーセント正しかった。彼は子どものころ、大ピラミッド（5700歳）とベルリンの壁（12歳）を訪れ、ピラミッドのほうが長生きすると思った。その予測は的中した。
>
> ナシーム・ニコラス・タレブ『反脆弱性　下』

タレブのこの指摘を素直に受けとめて考えれば、この変化の激しい時代においても、これから先、**長いこと有用な知識や情報を学びたければ、その知識や情報が活用されてきた期間に着目しろ**ということです。そして私たちは、これまでに長いこと活用されてきた知識や情報を「**教養**」と呼んでいるわけです。

環境変化が激しくなれば、最新の情報や知識こそが重要だと考えてしまいがちですが、タレブは、そのような知識は「脆《もろ》い」もので、知識や情報は「**新しければ新しいほど効用の期待値は小さい**」と言っています。

寿命が100年になろうかという時代にあって、知識や情報の「旬の期間」はどんどん短くなってくる。そのような時代だからこそ、環境変化に対して「反脆《はんもろ》い」知識や情報として、古典に代表される教養的知性が求められる、ということです。

第7章　学び続ける上で重要なのは「経験の質」

経験で大事なのは「量」よりも「質」

ただ生きてさえいれば、様々な知識や経験が蓄積できた過去の時代と比較して、現代はそもそも「年長者の価値」が生まれにくい時代だということを示した上で、前章の最後では、そのような時代だからこそ、古びることのない知恵＝教養を蓄積することが大事だということを指摘しました。

ここではさらに、「経験の質」という問題について考えてみましょう。

人間の成長は学習という概念と深く関連しており、学習は「経験の質」に関わっています。よく「経験豊富」という言い方がなされますが、これは「経験の量」についての言及です。実際のところ「成長」にとって「経験の量」はそれほど重要ではありません。なぜなら、すでにできるようになったことをいくら繰り返しても、脳内のニューロンの連結は変わらないからです。

神経生理学者のジェームズ・E・ズルは、次のように指摘しています。

人が最も変化しやすいのは、新たな経験と自身がもつ既存の理論とがぶつかるときです。

ですから、私たちが教育に携わる者としてできることは、学習者に対して、衝突が起こるような新たな経験を提供したり、対峙すべき新たな問いを立てたりすることです。

サンドラ・ジョンソン他編著『脳科学が明らかにする大人の学習』

一橋大学の学長を務めた歴史家の阿部謹也は「わかるということは、それによって自分が変わることだ」と指摘していますが、これは脳神経科学の側面からも立証されています。ジェームズ・E・ズルは前掲書において『『学習とは変化することである』という主張は、単なるメタファーではなく、物理的な事実です。つまり、学習によって人の脳は変化するのです」と指摘しています。

さて、成長が学習と深く結びつき、学習が「新しい経験」によって駆動されるのであれば、私たちの成長は「新しい経験の密度」によって、大きく左右されることになります。

逆にいえば、同じような仕事を同じような仲間と同じようなやり方でずっと続けているのは、一見すれば「経験の量」が増えたように思えるかも知れませんが、実際にはそうではない、ということになります。

同じ仕事を30年続けているという人は「30年の経験がある」と主張したがるかも知れませ

んが、脳神経科学の文脈で「経験」という言葉を厳密に用いれば、実際には「1年の経験から学び、あとは同じことを29年繰り返した」と言うべきです。なぜなら「経験」とは常に、新しい気づきへの契機をもたらすものだからです。

ここが、現在日本でかまびすしく言われている「多様性」の問題へと連結していくことになります。

同じような仕事を同じような仲間と同じようなやり方でやり続ける、というのは「経験の多様性」を減殺させることになります。いろんな仕事を、いろんな人たちと、いろんなやり方でやったという「経験の多様性」が、良質な体験をもたらし、学習を駆動することになるのです。

クリエイティブなシニアは挑戦し続けている

環境変化が早く、いわば「知識の旬」がどんどん短縮化するなかで、有効な結晶性知能を構築したければ、なるべく「旬の長い」知識、つまりは教養をインプットすることが重要だと指摘しましたが、ここでは別の要素にも言及したいと思います。

それは「挑戦」です。

心理学者のミハイ・チクセントミハイは、実業・文学・音楽・芸術・科学などの領域で類まれな業績を残した91名の人物を対象に詳細なリサーチを行い、彼らの「創造性」がどのような思考様式・行動様式と関連しているのかを調べ、その結果を『クリエイティヴィティフロー体験と創造性の心理学』という本にまとめています。

チクセントミハイによれば、これらの類まれな業績を残した人々は、高齢になっても創造性を維持し続けているという際立った特徴を持っています。

少し長くなりますが抜粋しましょう。

私たちの研究協力者においても、生産性は落ちてはいない。むしろ、晩年において、生産性は向上していた。九十一歳のライナス・ポーリングは、七十歳から九十歳の間に出版した論文の数は、それ以前の二十年間と比べても、その二倍になっていると語った。

（中略）

回答者たちは、概して、五十代から七十代、あるいは六十代から八十代の間に、それほど変化があったとは思っていなかった。仕事をする能力は損なわれておらず、目標はそれまで常にあったものと実質的に同じであり、業績の質と量は、過去のものと比べて

もほとんど遜色がない、と感じていた。（中略）
老年期に関して、私たちが一般的に持っている暗い評価を前提とするならば、どうして
このようなことが起こるのだろうか？
　M・チクセントミハイ『クリエイティヴィティ　フロー体験と創造性の心理学』

なぜ、クリエイティブな業績を上げる人は、老齢になっても創造性を維持し続けられるのか？　チクセントミハイは「挑戦」の重要性を挙げています。
再び同書より引きましょう。

　なぜこうした人々が、私たちが予想するよりも、歳をとることをより肯定的に捉えるのかを理解するのはたやすい。それは、彼ら一人ひとりが、たとえ最終的には到達できないものであったとしても、興味深く、やりがいのある仕事に、未だに深くかかわっているからである。頂上に到達し、驚きとともに壮大な景色を見回した後に、近くにあるより高い山の頂を見て喜ぶ登山家のように、こうした人々は決して刺激的な目標を失うことはないのである。（中略）

研究協力者に対して、現在挑戦していることは何か、どんな目標にもっとも多くのエネルギーを費やしているのか、について、語ってくれるよう求めた。回答はすべて熱意のこもったものであり、その人が現在かかわっていることを詳細に伝えていた。

M・チクセントミハイ『クリエイティヴィティ　フロー体験と創造性の心理学』

創造的な人々は常に目標を持ち、挑戦を続けている、だからこそ知的パフォーマンスを老齢になっても維持し続けられるのではないか、というのがチクセントミハイの仮説です。チクセントミハイがリサーチの対象とした「創造的な人々」は、人生のそのときそのときで達成したい目標、挑戦すべき課題がクリアで、それについて語れと言われれば、いつまでも語り続けられるような情熱を持っていました。

クリアすべき課題のことをアジェンダと言いますが、彼らは常に「人生のアジェンダ」を明確に設定し、それをクリアするために日々、学習を続けていたわけです。

ひるがえって、現在の日本のオッサンたちはどうでしょうか。ほとんどの人は理想もなく、ダラダラとただ昨日までの日常の延長線上を家畜のように生きているだけでしょう。チクセントミハイと同じように「現在挑戦していることはなにか」と問えば、30秒とて語れない人がほとんどのはずです。こんなことを数十年にわたって続けていれば、知的パフォーマンスが低下するのは当たり前のことです。

時のすぎるのが早いか遅いか、それに気づくこともないような時期に、人はとりわけて幸福なのである。

ツルゲーネフ『父と子』

職場での「良い経験」が成長のエンジン

意図的に新しい体験をキャリアに盛り込んでいかないと学習は停滞し、成長は止まってしまいます。同じような仕事を同じようなやり方でウン十年続けたとしても、それは「ウン十年の経験」にはならずに、ただ1年の経験から学び、あとは同じことをウン十回繰り返しているに過ぎません。

現在の劣化したオッサンたちの多くは、残念なことにこの「1年の経験から学び、あとは同じことをウン十年繰り返した」結果として、現在のような状況に陥っていると考えられます。

こういう状況を防ぐために、若手・中堅社員は、自ら「経験の質」を担保する意識が必要になるわけですが、この問題を考えるに当たって、再び「劣化したオッサン」が大きなボトルネックとして立ちはだかります。

なぜなら、**多くの企業において「経験の質」を決定する仕事のアサインメント（割り当て）は、オッサンたちが担っている管理職という仕事によって、規定されることになるから**です。

人材育成に関する米国の著名な研究機関であるロミンガー社のマイケル・ロンバルドとロバート・アイチンガーは、個人の能力開発がどのように発生しているのかを長年研究し、結論として**「70：20：10の公式」**を提唱しました。人材育成の世界ではすでによく知られている公式なので、聞いたことがある、という方もいるでしょう。

この公式によれば、**個人の能力開発の70％は、実際の生活経験や職業上の経験、仕事上の課題と問題解決によって発生します。**自分が直接に経験したことが能力の開発につながるため、これは一般的に**「直接学習」**と呼ばれています。

次の20％は、職場や学校などで、模範となる人物（ロールモデル）から直に受ける薫陶（対人的学習）や、観察と模倣から起こります。他人の経験を自分のものとしたり、他者の活動を観察したり、場合によっては真似ることで学習が起こるため、こちらは「間接学習」と言われています。

そして残りの10％が、読者の皆さんが「能力開発」と聞いて、最初に思い浮かべるであろう、学校や研修などのフォーマルなトレーニングです。

ロミンガー社の研究によれば、この公式は国や文化圏、あるいは産業や職種といった要素にかかわらず、ほぼ同じ数値に収斂することがわかっています。

これはおそらく、皆さんの実感とも符合するのではないでしょうか。

余暇の時間を使っていろんな勉強をすることは重要ですし、実際に筆者自身も、読書や識者との対話からも多様な学習をしてきたという自負がありますが、ではそれが本当に「能力開発」といえるものであったかどうか。

ロミンガー社の研究をはじめとして、過去の「能力開発」に関する研究の多くは、細かい数字面での差異はあるものの、結局のところ「職場で良い経験をする」ことが、個人の成長にとって決定的に重要だということを示しています。

なぜ「次世代」は育たないのか

このように考えてみると、多くの企業で大きな経営課題となっている「次世代を担う人材が育成できていない」という問題の本質的な原因も見えてきます。

人材の育成に当たっては、成長につながるような「良い業務経験」が重要であるということを先ほどお話ししました。これを裏返しにいえば、**人材が育成できていないということは「良い業務経験」を積ませてあげられていない、**ということです。

なぜ「良い業務経験」を積ませられないのかというと、原因は大きく二つあります。

一つ目は、**良い業務経験を積めるような重要なポジションに年長者が居座って全然どかないから**です。

数年前、ある流通系企業で長いこと名経営者と言われた方が齢《よわい》八十を過ぎて引退することを発表して話題になりましたが、80歳まで重要ポジションに居座られたら次世代の人材が育成できないのは当たり前です。

この国では、100歳を超えてなお現場の一線で活躍するような人物を無条件に礼賛する能天気なところがありますが、そんなことをされたら次世代の人材が育つはずがありません。

我が国から名経営者や英傑と呼ばれる人が出てくるのは、いつも時代の端境期であることをあらためて思い出してください。

明治維新や太平洋戦争終戦などの契機に、それまでの社会構造のなかで既得権益を握った年長者を外圧によって根こそぎ退場させた直後に、こういった有為な人材が多数生まれるというのはつまり、年長者が担うような重要な職責を若い人が担うことで、はじめて人材は育成されるということを示唆しています。

ところが、当の年長者がそのことを認識していない。彼らから出てくるのは「人材育成が進んでいないから、研修制度を充実させなければならない」といった表面的な話で、自分たちロートルが重要なポジションを占拠しているために人材が育成できていないということを、あまり認識していません。筆者は、日本における人材育成は今後、下手をすると数十年という長いあいだ停滞する恐れがあると思っています。オッサンが重要な職責を占拠している。これが、良い業務経験を積めない一つ目の理由です。

リーダーシップの停滞

良い業務経験を積めなくなってしまった二つ目の理由が、リーダーシップの停滞です。良いリーダーは良いアジェンダを設定します。良いアジェンダは良い業務体験にそのまま直結するので、リーダーによるアジェンダ設定の巧拙は、そのままそのリーダーのもとにいるフォロワーの業務経験の質を左右します。

良いリーダーは、良い業務体験によって作られ、その良いリーダーがまた良い業務体験を人に与えてリーダーを育成する。つまりリーダーというのは一度生まれると拡大再生産される傾向があるということです。

社会の構造変化が起こると、それまで既得権を握っていた年長者が根こそぎ社会から退場し、若手が重責を担って伸び伸びと仕事をする環境が生まれ、そこから第一世代のリーダーが育っていきます。日本でいえば本田宗一郎や盛田昭夫、松下幸之助といった人たちです。

この人たちのリーダーシップにより設定されたアジェンダのもとで、良い仕事体験を積む人たちが生まれます。これが第二世代のリーダーで、近年までホンダやソニーを引っ張ってきた経営者のなかには、本田宗一郎や盛田昭夫の薫陶を直接得た人たちがまだいました。

しかし、ここから先が難しい。よほど意識的になって若い頃から大きな職責を与えてあげないと、第三世代はなかなか育成できません。そして今まさに、日本企業の多くが直面しているのは、この第三世代の人材プールがスッカラカンになっているということなのです。

経団連は「劣化するオッサン」の象徴

さて、これまでの考察から、経験や同僚の同質性（＝ずっと変わらない）ということが、オトナの成長を阻む大きな要因になるということをご理解いただけたと思いますが、これはそのまま、新卒一括採用（＝同期はずっと不変）、年功序列（＝同僚はずっと不変）、終身雇用（＝会社はずっと不変）という昭和日本型の採用・雇用習慣が、オトナの成長を大きく阻害する要因として働いているのではないか、という懸念に直結します。

この問題を考察するに当たって、この同質性を極限まで煮詰めた日本型社会システムを象徴する「ある団体」を思い浮かべずにはいられません。経団連です。

日本経済新聞は2018年6月21日付で「経団連、この恐るべき同質集団」と題した記事を掲載しています。少し長くなりますが、とても興味深い内容なのでここに抜粋します。

ところがそれとは対照的に、人の属性の多様化は全く進まず、（1）全員男性で女性ゼロ（2）全員日本人で外国人ゼロ（3）一番若い杉森務副会長（JXTGエネルギー社長）でも62歳。30代、40代はおろか50代もいない――という「超同質集団」である（中略）。

加えて経営者としてのカテゴリーでも、全員がいわゆるサラリーマン経営者。かつて副会長に名を連ねたソニーの盛田昭夫氏やダイエーの中内功氏のようなアントレプレナー（起業家）が姿を消し、いわゆるプロ経営者もいないのは物足りない、とも書いた。

その後、いろいろ調べると、さらに同質性を補強するような材料を見つけた。19人の正副会長全員のだれ一人として転職経験がないのだ。別の言い方をすれば、全員が大学を出て今の会社の門をたたき、細かくみれば曲折があったにせよ、ほぼ順調に出世の階段を上ってきた人物であるということだ。

年功序列や終身雇用、生え抜き主義といった日本の大企業システムの中にどっぷりとつかり、そこで成功してきた人たちが、はたして雇用制度改革や人事制度改革、あるいは「転職が当たり前の社会」の実現といった目標に本気で取り組めるものなのだろうか。

日本経済新聞（2018年6月21日）

経団連についてはすでに各所から批判の狼煙《のろし》が上がっており、例えば楽天の三木谷浩史社長は、経団連からの脱退に際しての日経ビジネスによるインタビューで「護送船団を擁護するために存在している団体で、入っていてもまったく意味がない」と強烈に批判していますし、将来の首相候補の筆頭と目される小泉進次郎氏は、ソーシャルイノベーションフォーラム２０１７において、同団体を「政治の顔色をうかがうばかり、骨太な政権への提案がなぜないのか」と痛罵しています。

このほかにも、例えば就職活動の解禁時期に関する議論や、副業・兼業に関して「推奨できない」と立場を明らかにしたことでも「時代遅れ」「だったら賃金上げろ」と各所からの批判が相次いだことは記憶に新しい。

人材獲得競争の「談合」

これは以前から指摘していることですが、企業の中核的な競争力が人材によって左右される現代の社会において、いつ、どのようにして人を採用し、どのように働いてもらうかを考えることは、個別企業のパフォーマンスを大きく左右することになる、最重要の経営問題となっています。

製造業であれば、どのような資材・部材を仕入れるかは経営上の最重要課題となるわけで、良い資材・部材を、競合企業を出し抜くようにして調達できれば、競争上優位なポジションを築くことができる。

人材についても、まったく同じことが成り立つわけで、だからこそ人材の採用と雇用について、欧米の企業は最大限の創意と工夫を行って競合企業より優れた人材を採用し、雇用し続けることを追求しているわけです。

ところが、非常に不思議なことに、我が国では、この最重要の経営課題について、なんらの責任を持たない団体が「採用のルールはこれです」「副業・兼業のルールはこれです」と勝手に指導し、それに従うように圧力をかけているわけです。こんな異常なことを数十年にわたって続けている先進国は、ほかに例がありません。

つまるところ、これは**人材獲得競争に関して「談合」している**ということです。

一社だけが抜け駆けして新卒採用を実施しようとすれば、採用のタイミングはどんどん前倒しとなり、早めに内定を出した会社は、いわゆる「拘束」を行うことで、他社に人材が流れるのを防ごうとする。これが極端なケースになると大学での学業にまで影響が出かねないため、**皆で話し合って「採用競争力」に差をつけないようにする、**ということです。

副業や兼業に関する規定もまた同様です。

副業や兼業の取り扱いについて各社の判断に委ねれば、労働環境の魅力に会社間で差が開きます。同じような給料を払っている会社でも、副業を許容する会社と許容しない会社とでは、実質的に報酬水準は変わりますし、さらに決定的なポイントとして「経験の質や密度」も大きく変わってきます。

こうなると、労働市場での人材獲得競争はより熾烈なものとなり、個別企業は人材を獲得し、維持するために、より多くの資源を求められることになります。

このような状況を忌避しようとすれば、とにかく皆で同じタイミングに、同じルールで採用と雇用を行うという考え方が出てくることはわかりますが、結果として、採用や雇用のあり方に多様性が失われ、雇われる側である労働者の多様性もまた失われてしまっている、というのが今の状況です。

茶番の終焉

さて、こういう状況に対して四十代以下の世代はどのように対処するべきなのか。

無視して放っておけばいい、というのが筆者の態度です。

なぜなら、時間の経過とともに経団連の影響力はどんどん弱まり、おそらく彼らの出す指針に従う企業はやがてなくなると考えているからです。

就職メディアのワンキャリアのリサーチによれば、就活解禁前にすでに内定を出している企業は相当数の比率になっており、タテマエとしてはあくまで経団連の指針に準拠しているように見せながら、実際には「採用には関係のないインターンということにして選考活動をしよう」というホンネが窺えます。

つまり、経団連が提示している就活に関する指針と、それを遵守する会員企業という構図は、茶番になりつつあるということです。

茶番というのは本番でない、ということですから、こんなことのために膨大な労力を投入すれば、日本企業の競争力を削ぐことになります。

形骸化したルールを守らせるために膨大な労力が使われ、そのために企業の競争力が削がれるような状況が発生しているのであれば、いったいこの経団連という団体はなんなのか、存在意義がないどころか、むしろ害悪ではないかということについて、もっと多くの人が声をあげるべきだと思います。

本書の論旨からは外れるので、あまり深入りすることはしませんが、現在、世界中の国で雇用関係の新しいあり方が模索されています。キャリアを通じて一社に勤め続ける人は長期的に減少傾向にあり、多くの人は複数回の転職を人生で経験し、また同時に、いくつかの組織に関わりながら仕事をするパラレルキャリアという生き方も存在感を高めています。

寿命の伸長に伴って働ける期間が長くなる一方で、一つ一つの事業の寿命は短くなり、かつ人工知能に代表されるようなテクノロジーの進化の影響で、労働市場における需給バランスが短期間のあいだに大きく変動する社会において、この流れは不可逆なものとして今後も続くことになるでしょう。

そのような状況下において、新卒時に一括で大学生を採用し、終身雇用を前提として、年功に応じて昇進させるというこのモデルを、いったいいつまで続けるのでしょう。

いや、もう「終わりの始まり」の予兆はそこかしこに見られます。いくら経団連がムキになって指針を押し付けようとしても、現実に発生している大きな流れは止めようがありません。だからこそ、多くの企業は経団連むけのタテマエと、ホンネの採用活動を使い分けているのですが、こんなムダなことはいつまでも続けられるものではありません。

経団連がこの指針を「無意味なので止めます」とするのが先か、参加企業が「無意味なので止めます」とするのが先か、どちらにせよ近い将来、採用についても雇用形態についても、そのありようの決定に関しては個別企業のイニシアチブに委ねる、という日がくることになるでしょう。

権力の終焉する時代

経団連をはじめとして、例えば筆者の古巣である電通や新聞社などのマスコミ等、これまで大きな発言力を有して社会を牛耳っていた組織や団体が、徐々にその影響力を弱めていっているという事実は、私たちが大きな「権力の終焉」という歴史のプロセスを生きていることを示唆しています。

世界銀行理事も務めた著述家のモイセス・ナイムは、著書『権力の終焉』において、世界中のあらゆる場所で「権力の弱体化」が進んでいることを、豊富な例証を引いて明らかにしています。

米国企業のＣＥＯの平均在任期間は10年から6年に短縮し、トップ交代が相対的に少ない日本企業でも強制的な辞任数は４倍に増加、小規模軍事力が大規模軍事力に勝利する割合は12％から56％に急増し、チェスのグランドマスターは88人から１２００人以上に増加している。

これらの「権力・権威の劣化」という変化を駆動している要因はいくつかありますが、間違いなく、その一つとして、すでに掲げた「情報の普遍化」を挙げることができます。

本書110~113ページでは、情報の普遍化が起きた結果、かつてランダムアクセス可能なデータベースとして重宝された年長者の価値が目減りしている、という指摘をしましたが、この変化は「権力の弱体化」も招きます。

なぜなら、権力は「情報の独占と支配」によって、その生命を維持するからです。

大きな権力を有し、それを維持しようとした独裁者は例外なく、情報の支配・独占を目指します。政権掌握後、ただちに「非ドイツ的書籍」の発行・所持を禁止し、数万冊に及ぶ本を焼き払ったナチスや、知識人をことごとく逮捕して強制労働につかせた毛沢東などが典型例です。

私たち一般の市民が知性を備え、相互に情報を発信し合うことで、権力はどんどん脆弱になっています。その一つの証拠として、昨今頻発している不祥事やコンプライアンス違反を挙げることができるかも知れません。

本書冒頭では、多くの企業や団体で発生している不祥事やコンプライアンス違反を「オッサンの劣化」という要因と結びつけて紹介しましたが、知性がより広範囲に分散化し、また組織の境界をまたぐネットワークが形成されたことで、これまで表に出てこなかった隠蔽や改竄やハラスメントが、キチンと暴露されるようになったという見方もできるからです。

つまり、これまでの企業や社会のように、知性が一部に集中し、また組織の内側と外側を隔てる境界が強固で明確であった場合、不祥事などに関する情報は権力者によって支配・隠蔽されてきたのが、知性が分散化・普遍化し、また境界域をまたぐ太いネットワークが形成されたことで、隠し通せなくなってきたという見方です。


弱体化しているときこそ、権力は支配力を強めようとする

逆にいえば、権力が弱体化する時代だからこそ、私たちは自分自身を知的に武装し、オピニオンを主張し、相互の発信に耳を傾けて対話していく必要があるということになります。

なぜなら、弱体化する権力は躍起になってその支配力を強めようとするからです。過去の歴史を振り返れば、権力はそのピークではなく、むしろ弱体化が誰の目にも明らかとなった時期にこそ、弾圧を強めています。そのことを忘れてはならない。

科学と宗教のコンフリクトが一番高まったのはルネサンス後期のことでした。このとき、南ネーデルランドのヴェサリウスは死体解剖に基づいて『ファブリカ（人体の構造）』を著して解剖学の嚆矢となり、スペインのセルベトゥスは血液循環の原理を発見しましたが、前者はスペインで宗教裁判にかけられ、後者はカルヴァンによって火刑に処されています。科学の有効性、合理性、納得性がいよいよ高まってきたときにこそ、宗教側の科学否定の態度は強まり、弾圧はヒステリーと言ってよい狂的なレベルのものになりました。権力による弾圧が目に見えているとき、その権力はすでに末期状態にあると考えていい。

それとは逆に、誰の目にもわかるような権力による弾圧が行われていない、というときこそ、実はもっとも強力で安定的な権力による支配が成立している状態だということになります。

長い目で見れば、これまで「劣化したオッサン」たちが、単に「年を食っている」という理由だけで得てきた大きな発言権や影響力は、間違いなく弱体化していくことになるでしょう。しかし、既得権益が引きはがされ、大きな「パワーシフト」が起きるとき、後退させられる側の「古いパワー」は、ろうそくが最後に燃え尽きる際に放つ大きな炎にも似たヒステリーを周囲にまき散らします。

昨今の「劣化したオッサン」による各種の傍若無人な振る舞いはまさに、終焉しようとしている権力システムがあげている断末魔の叫びだととらえることもできるでしょう。

だからこそ、中堅・若手の世代は知的に武装し、劣化する権力に対してオピニオンを主張し、エグジットすることによって「同じ穴のムジナ」から抜け出ることが必要なのです。

知的にマルハダカな人

さて、この点について考えると、大きな懸念が一点浮かび上がってきます。それは、若年層のなかで「本を読まない人」があまりにも多いという事実です。

質の高い結晶性知能を構築することは一朝一夕にはできません。青年期から中長期的に良質なインプットを継続することが必要なのですが、良質か悪質かを云々する以前に、そもそも「本をまったく読まない」という人がとても多い。各種の統計で若干の違いはあるのですが、概ね4割から5割の二十代・三十代が、一月に一冊も本を読んでいません。

このように知的に怠惰な習慣がそのまま何十年も続けば、次の世代には現在の「劣化したオッサン」以上に劣化した「ゾンビオッサン」が社会に大量に供給されるということになります。

レイ・ブラッドベリ原作で、フランソワ・トリュフォーによって映画化された『華氏451』では、ありとあらゆる種類の「本」の所持が禁じられ、発見された本は直ちに火炎放射器で焼かれるという奇怪な未来社会が描かれていますが、この映画を観ると不思議な既視感を覚えます。というのも、この映画で描かれている室内の模様や雰囲気が、現在の私たちの生活空間に非常に似ているからです。

壁にかけられたテレビが主な娯楽になっており、室内には当然のことながら本がまったくないのですが、家具や調度品はとても美しいものが置かれている。登場人物たちがやたらとファッショナブルで端正であることにも、トリュフォーの作為が感じられます。

これはつまり、なにを表しているかというと、「外見だけは美しく着飾っているけれども中身は空っぽの人々と社会」ということでしょう。

主人公はそのような周囲の人間の「薄っぺらさ」に嫌気を覚え、禁じられている本にとりつかれ、反社会分子として警察から追われる身になる、という物語ですが、トリュフォーが50年も前に描いた「本を読まず、やたらとインテリアや服などの〝外見〟にこだわるファッショナブルな最先端人」が、現在の世の中で見られる「ある種の人々」と異様な親近性を持つことは興味深い。

ブラッドベリは「本が禁止される社会」を設定し、いわば知的悦楽が禁じられた世界で人々はファッションやインテリアといった表面的な娯楽にうつつを抜かすようになるという物語を描いてみせたわけですが、現在は、禁じられているわけでもないのに、知的悦楽を追求しない、という人が人口の半分に達しようかという時代になっている。考えようによっては、「本が禁じられた社会」より恐ろしい時代がきたと言えるのではないでしょうか。

スイスの法学者・哲学者のカール・ヒルティは、著書『幸福論』のなかで次のように指摘しています。

しゃれた家に住みながら、わずか一ダースばかりの本を、読みもせずに、きれいな本棚に並べているのを見たら、あなたはその家の住人全部を、安んじて無教養だと考えてよい。

ヒルティ『幸福論』

これまで人類は長いこと、単に年をとっているというだけで、誰でもそれなりに尊重されるという時代を送ってきました。私たちは文明が発生してから、おそらくはじめて、年をとっているというだけでは偉そうな振る舞いが許容されない時代を生きることになります。

そのような時代において、時間という武器を自分の資本にしていくためには、良質なインプットを継続的に続けていくことが必要でしょう。

そのようにして個人が知識を蓄積し、蓄積した知識に基づいて思考し、思考したことをオピニオンとして表出し、他者のオピニオンもまた傾聴することで、はじめて権力を牽制することができるのだということを、決して忘れてはならないと思います。

私たちの時間を意味のあるものに変えていく、権力と戦う武器に変えていくためには、学び続けなければならない。私たちはそういう時代を生きているのです。

青年時代は知恵をみがく時であり、老年はそれを実践する時である。

ルソー『孤独な散歩者の夢想』

第8章　セカンドステージでの挑戦と失敗の重要性

後半にシフトする「人生のピーク」

このように考えていくと、人生のどの時期にどのようなインプットを行い、またアウトプットを行っていくのかが、大きな論点として浮上してくることになります。

ここで再び、石川善樹の提唱する4ステージモデルを取り上げて考えてみましょう。

あらためて確認すれば、4ステージとはすなわち、春に当たるファーストステージの0～25歳までは基礎学力を身につける時期、夏に当たるセカンドステージの25～50歳までは、いろんなことにトライして経験を積むとともに、自分はなにが得意で、なにが不得意なのかを理解する時期、そして秋に当たるサードステージの50～75歳では、それまで培ってきたものから世の中に対して実りを返していく時期、そして冬に当たるフォースステージの75～100歳で余生を過ごす、というモデルでした。

これまでの3ステージモデルと比較して、4ステージモデルの特徴は、いわゆる「人生のピーク」が、かなり後半側にシフトするという点です。

これまで、いわゆる「働き盛り」と言われてきたのは、四十代の後半から五十代の前半の壮年期でした。しかし、4ステージモデルになると、この時期は人生の晩夏から初秋にかけての時期で、本当の実りはそのあとにやってくることになる。

人生のピークが後半にシフトするということは、必然的に「仕込みの時間」が長くなることを意味し、したがってここでしっかりと土壌を耕し、種をまけた人と、そうでなかった人とのあいだで、大きな差が開くことになります。

加えて指摘すれば、当然のことながら「オッサンの劣化」という問題は、4ステージモデルにおける「サードステージ」にかかわる問題だということになります。

先述しましたが、『論語』には「五十にして天命を知る」とあります。これは「自分が人生においてなすべき使命を理解する」ということであり、もう少し切っ先の鋭い表現をすれば、「死」を意識する年齢になって、もはや「あれも、これも」というわけにもいかなくなった年齢で、残された時間をなにに使っていくのかを明確にするという「覚悟」の問題でもあります。

この時期を、石川善樹の指摘するように「実り豊かな時期＝秋」として過ごせるかどうかは、人生そのものの意義にもかかわる重大な問題でしょう。

カギはセカンドステージの経験

では、実り豊かにサードステージを送るためにはなにがカギになるのか。

これまでの考察からすれば、答えは明白です。それは「セカンドステージの過ごし方」ということになります。

セカンドステージをどのように過ごすかが、サードステージでの実りの豊かさを大きく左右する。そして、サードステージの実りの豊かさが、そのあとに続く「長い晩年期」を、どれくらい心豊かに落ち着いて生きられるかを左右します。

セカンドステージの過ごし方が悪ければ、サードステージでは「劣化したオッサン」として社会のお荷物となって害悪をまき散らし、豊かな実りは残せません。そのような「人生のピーク」を過ごせば、晩節もまた陰鬱で、後悔に満ちたものにならざるを得ないでしょう。

人生が長くなる、ということは、若年期＝セカンドステージのちょっとした「発射角度の違い」が、数十年後に到達できる人生の高度を大きく左右することを意味します。

寿命１００年の時代と聞けば、無条件に「おめでたいこと」と思われるかも知れませんが、それはまた、晩年の「人生の充実感の格差」が極端に拡大する残酷な世界でもあることを忘れてはなりません。

そして、その**「格差」を左右する最初の大きな分かれ道が4ステージモデルにおけるセカンドステージの過ごし方**だということになります。

学びの密度を上げる

では具体的に、どのような点が重要になってくるのでしょうか。

一言でいえば、それは**「学びの密度を上げる」**ということになります。

では、そもそも「学び」とはなにか。

脳神経科学や心理学は、様々な「学習」の定義を行っていますが、ひっくるめていえば**「同じ入力に対して、より良い出力を返せるように自分というシステムを変化させる」こと**です。

同じ入力に対して違う出力を行うわけですから、これは「情報処理」に関する問題であり、つまり**「脳の変化」と密接にかかわりがあります。**そもそも私たちの脳は、変化し続ける環境に対して、適応しながら進化することによって形成されてきました。

このような、脳内の化学成分や神経線維の構造が変化し得る性質を**「可塑《かそ》性」**と呼びます。

ご存知のとおり、脳細胞の数は成人以降、つまり本書の枠組みでいうところのセカンドステージ以降は増加しないと言われています。一方で、脳の神経線維の結びつきは、学べば学ぶほどに可塑性を増していく。つまり「学習とは変化することである」という主張は単なるメタファーなのではなく、物理的な事実だということです。

さて、この事実を立脚点にしてセカンドステージにおける「学び」を考察してみると、いくつかのポイントがあるように思います。一つずつ考察していきましょう。

なにかを止めないと、なにかにチャレンジできない

まずは陳腐な言い方ですが、「色々なことにチャレンジする」のが重要です。なぜあらためて、こんなに当たり前のことを指摘するかというと、多くの人がチャレンジの本質的な難しさについて理解していないように思うからです。

なにかにチャレンジをする、ということはそれまでにやっていたなにかを止める、ということでもあります。今までにやっていたことをやり続けながら片手間でやる、というのは「チャレンジ」とは呼びません。「チャレンジ」には「時間や能力の集中」という要素が付きものであり、したがって「それまでにやっていたことを一旦止める」ということが必然的に求められます。

つまり「なにかを止めないと、なにかにチャレンジできない」、チャレンジの難しさの本質は、チャレンジそのものよりも、それ以前に横たわる「なにかを止めること」にある、ということです。

不思議だと思いませんか？　多くの人は「チャレンジが大事だ」と言われれば「それはそうだ」と答えるにもかかわらず、結局は大したチャレンジもせずに人生を終えてしまう。なぜそのようなことが起きるかというと、「なにかを止めないと、なにかにチャレンジできない」ということを受け入れていないからです。

チャレンジは大事だけど、今やっている仕事は止められない、片手間でできる副業からまずは……などと言っていたら、どうせ大したチャレンジはできません。

人生のサードステージにおいて天命を発揮するためには、その前段となるセカンドステージにおいて、自分にはいったいなにができるのか？　ということを見極めていくことが必要になります。

これはスポーツや楽器と同じで、いろんなことをやってみないと見極められません。いきなりバスケットボールをやらせてみて、「得意かどうか判断しろ」と言われても、ほかの種目をやっていなければなんとも言えない、としか答えられません。

しかし、スポーツで考えてみればこんなに当たり前のことを、なぜか仕事に関してはやらない人が多い。少なくない人が、最初に入った会社にずっとい続けるのが当たり前だと、いまだに考えています。

同じ会社にいても、いろんなことにチャレンジはできるのではないか？　という反論もあるかも知れません。そのように反論されれば、確かにそのとおりなのですが、ではそのチャレンジというのは、スポーツにたとえれば種目が変わるくらいの大きな変化を強いるものなのか、というのが大事な点です。

大きな変化を伴うものであれば、それは良質なチャレンジ体験になるでしょうし、そうでなければ「見せかけのチャレンジ」に自己満足するだけになりかねません。

わたしたちは、いわば、二回この世に生まれる。
一回目は存在するために、二回目は生きるために。

ルソー『エミール』

セカンドステージで輝かなくてもいい

ここで一点だけ注意を促しておきたいと思います。それはセカンドステージで輝かなくても構わない、ということです。むしろ人生の早い時期に脚光を浴びてしまうことで、かえってサードステージでの実りにつながる肥やしを十分に仕込めない恐れがあります。

読者のなかには、二十代の若さで華々しく成功してマスコミにも名前を取り上げられるような人たちと自分を比較して、自分はなんでこんなにイマイチなのかと落ち込んでしまう人もいるかも知れません。

しかし、あまり気にすることはありません……というか、むしろ積極的に、若い時期に脚光を浴びることは避けた方がいい、と筆者は思っています。

というのも、人生の、早すぎるタイミングで脚光を浴びると、本当はこの時期でしかできないインプットが足りなくなり、その後のキャリアで、まるで泉がかれてしまうようにアウトプットできなくなる可能性が高いからです。

クライバーンとポリーニ

この点について考えたときに、いつも思い出す二人のピアニストがいます。一人は米国のヴァン・クライバーン、そしてもう一人がイタリアのマウリツィオ・ポリーニです。この二人の対比は「あまりにも人生の早い時期に名声を得てしまうと、その後のキャリアを台無しにしかねない」ということを鮮やかに見せてくれます。

1958年、当時東西冷戦の真っ只中にあったソ連が、科学技術における東側の優位をスプートニクで証明したあとに、芸術面でのそれを明らかにするために開設したチャイコフスキー国際コンクールの第一回で、満場一致で優勝したのがクライバーンでした。

このとき、クライバーンの年齢は23歳。東西冷戦下のこともあり、凱旋帰国したクライバーンは熱狂的と言っていいブームを巻き起こし、一夜にして米国の英雄になります。

この直後にクライバーンがリリースしたチャイコフスキーのレコードは、ビルボードのポップアルバムヒットチャートの1位になります。クラシックのレコードがビルボードの1位にランクインしたのは、あとにも先にもこのときだけですから、いかに当時の「クライバーン・フィーバー」がすごかったかが窺えます。

ところが、クライバーンは、この直後から利益至上主義者の興行主に、まさにサル回しのサルのように全世界を引きずり回され、じっくりと時間をかけて音楽性を深めることができなかったために、ピアニストとしては結局、大成しませんでした。

２０１６年に亡くなったピアニストの中村紘子さんは、90年代にカムバックしたクライバーンの演奏を聴いた上で、その演奏がすでに批評の対象となるレベルにそもそも届いていないと嘆き、「彼が芸術家として成熟することなく終わってしまったのは、結局アメリカのこの豊かさ、楽しい生活に問題があったのではないか、と考えたものです」というコメントを残しています。

さて、一方のポリーニはどうであったか。

彼は、クライバーンよりもさらに若い18歳のときに、１９６０年のショパン国際ピアノコンクールで、こちらもやはり満場一致で優勝します。

このとき、審査委員を務めていたルービンシュタインから「審査員の誰よりも、すでに演奏テクニックという点では上」と評価されるほどに、そのテクニックは際立っていました。

さて、18歳で国際的な名声を獲得したポリーニですが、その後10年ほど、表立った演奏活動からは遠ざかります。

この間にポリーニは、大学で物理学を学んだり、やはり高名なピアニストであるミケランジェリに師事したりと、すでに世界最高水準にあったテクニックに加えて、人間としての幅、あるいは音楽性を深めるための研鑽を続けます。

その後、ポリーニは満を持して国際的な演奏活動を開始し、はじめてのレコードも出します。このレコードのリリースが1971年ですから、コンクールで優勝してからすでに11年が経過しています。その後、ポリーニは着実にピアニストとしてのキャリアを積み重ね、76歳となった現在（2018年時点）では、多くの音楽評論家から「現在もっとも高い評価を得ているピアニスト」と呼ばれています。

論理思考の愚かさ

ポリーニの国際的な名声を利用して、金儲けをしてやろうという人は後を絶たなかったであろうことは想像に難くありません。論理思考で考えれば、世界的な名声を獲得した直後、10年ものあいだ演奏活動から遠ざかるというのは、まったく合理的ではない。

考えてもみてください。世界的に有名なコンクールで、それも圧倒的大差で優勝した新進気鋭のピアニストです。インプットの時間を削って演奏活動にせっせと励めば、短期的に巨万の報酬が得られたでしょう。

しかし、ポリーニは敢えてそれをせず、まったく経済的報酬の伴わない活動に、二十代を費やしたのです。彼は自らがいまだ勉強不足であり、このまま多忙な演奏活動に入っては、自分の音楽家としての泉がかれてしまうだろうということを、よくわかっていたのです。

筆者はよく**「論理思考の愚かさ」**について言及していますが、ポリーニもまたここで直感に基づいて、敢えて非合理に見えるキャリアを選択しています。こういう判断ができることを、本当に「頭がいい」というのです。

クライバーンとポリーニを比較してみると、**人生の早い時期＝セカンドステージに脚光を浴びてしまい、その時期にしかできない「種をまく」ということがおろそかになると、その後の人生がいかに悲惨で貧しいものになるかがよくわかります。**

人生が１００年になるという時代、もっとも大きな実りの得られるサードステージをどれだけ充実して過ごせるかが、人生そのもののクオリティを大きく左右することになります。そして、この**サードステージでの実りの大小は、セカンドステージでの体験の質にかかっています。**

あまりに早い時期に大きな脚光を浴びてしまうことは、かえってこの時期に必要な体験の量・質を悪化させかねない、ということを、頭の片隅に入れておいてください。

五十ばかりより、そろそろ仕上げたるがよきなり。その内は諸人の目に立身遅きと思う程なるが、のうぢ（筆者注：能事＝なすべきこと）あるなり。

山本常朝『葉隠』

大事なのは成功することではなくチャレンジすること

セカンドステージでなにかに挑戦するとき、それが本当のチャレンジなのかどうかを身体反応の面から見極める一つの着眼点を共有しておきましょう。

それは「ストレス＝緊張」です。つまり「ストレスがかかっていない状態であれば、それはチャレンジではない」ということです。

143ページでも取り上げた心理学者のミハイ・チクセントミハイは、様々な分野で類まれな業績を残した人々にインタビューし、彼らが「最高に仕事にノッている」状態を表す言葉として、しばしば「フロー」という用語を用いることを発見し、それをのちに「フロー理

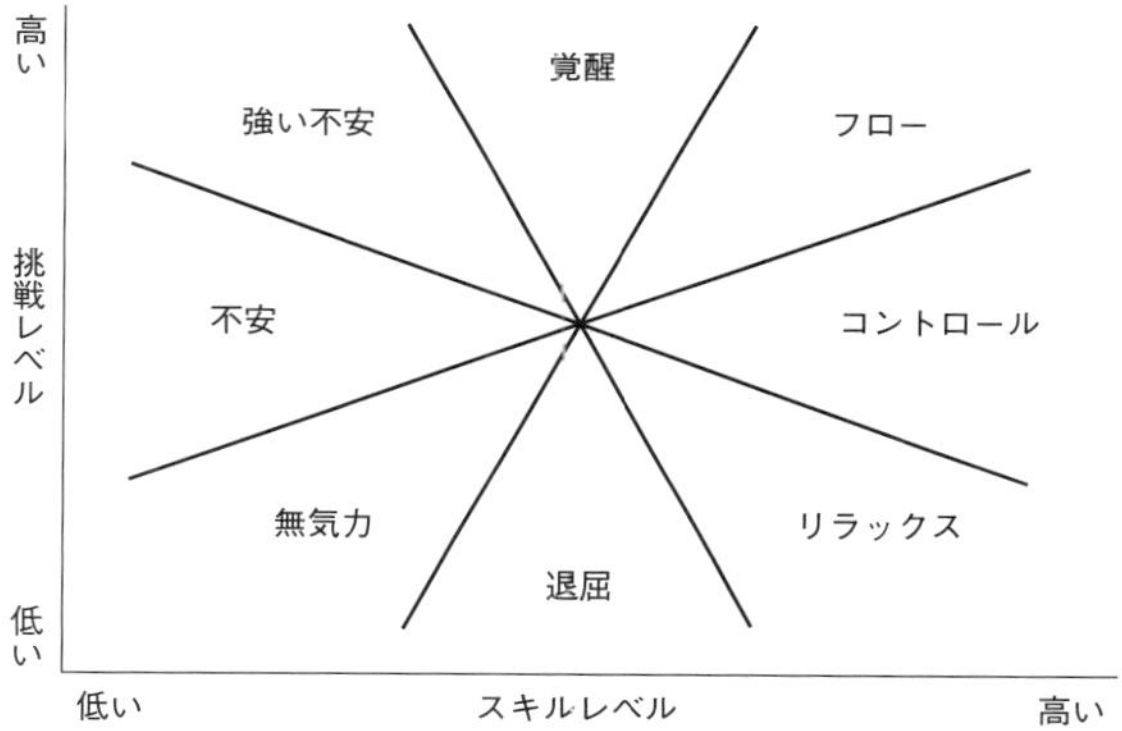

出典：M.チクセントミハイ著、大森弘訳『フロー体験とグッドビジネス　仕事と生きがい』世界思想社、2008年

図７　チクセントミハイによる「挑戦」と「スキル」の関係

論」としてまとめました。

チクセントミハイによれば、フローの状態に入った当事者は、時間の感覚を忘れ、自分の存在も忘れ、ただ何者かに導かれるかのように優れたアウトプットを生み出していきます。このとき、課題の難易度と本人のスキルレベルが、高次元でバランスしていることが重要だと、チクセントミハイは指摘しています（図７）。

フローに入るためには、挑戦レベルとスキルレベルが高い水準でバランスしなければなりません。高いスキルを持った人が、なんとかやれるレベルの課題に挑戦し、その上で、外乱が入らず、集中が持続できるなど、いくつかの条件が揃ったときに、はじめて人はフロー状態に入ることができる、ということです。

チクセントミハイの指摘で面白いと思うのは、図7はダイナミックなものであり、時間を経ることで「挑戦レベル」と「スキルレベル」の関係がどんどん変わっていく点です。

例えば、最初は「強い不安」のゾーンであっても、やり続けているうちにスキルが高まり、やがて「覚醒」を経て「フロー」のゾーンに入っていくということが起こりますし、「フロー」のゾーンで同じ仕事をやり続けていれば、やがて習熟度が高まって、「コントロール」のゾーンに移行していくことになります。

そうなると、いわゆるコンフォート（快適）ゾーンに入ってしまい、居心地の良い状況にはなりますが、当然ながらそれ以上の成長は望めません。

つまり、自分の技量とタスクの難易度は、ダイナミックな関係であり、フローを体験し続けるためには、その関係を主体的に変えていくことが必要だということです。

フローは幸福の条件

チクセントミハイは、もともと「幸福な人生とはどのようなものだろうか」という問題意識から、心理学の道に進んでいます。そうして行き着いたのが「フロー」の概念になるわけで、「フローの状態にある」というのは、幸福の条件と考えることもできます。

しかしながら、では実際にはどうかというと、あまりにも多くの人は「無気力」のゾーンで人生を終えてしまう、とチクセントミハイは嘆いています。

「無気力」のゾーンを抜け、幸福な人生を送るために「フロー」のゾーンを目指すことを考えたとき、「スキルレベル」も「挑戦レベル」も、一気に高めることはできません。まず「挑戦レベル」を上げ、タスクに取り組むことで「スキルレベル」を上げていくしかありません。

ということは、幸福な「フロー」のゾーンにいたるには、必ずしも居心地の良い状況ではない「不安」や「強い不安」のゾーンを通過しなければならない、ということを意味しています。

おそらく、社会人になって最初の数年は、誰もが「強い不安」や「覚醒」のゾーンで仕事をしていたと思います。そのままスキルレベルを高め、それに見合ったチャレンジをし続ければ「フロー」に入ることになるわけですが、多くの人はそのまま「コントロール」「リラックス」「退屈」を経由して「無気力」にいたってしまうというのがチクセントミハイの指摘でした。

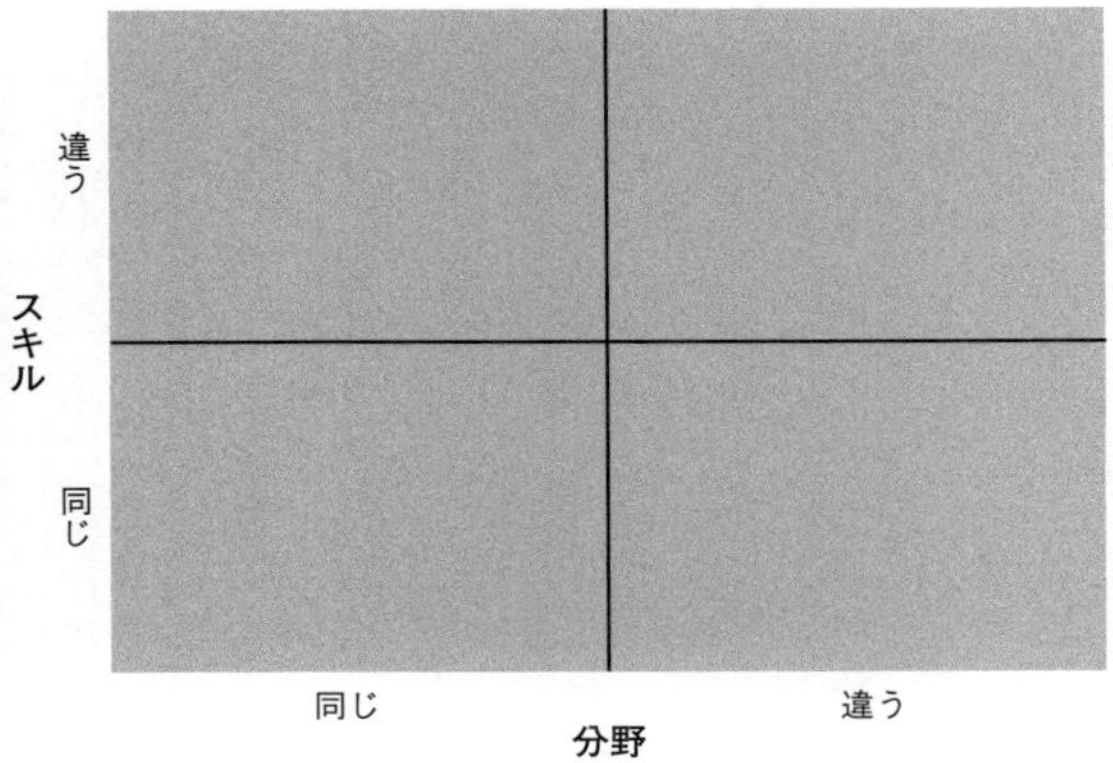

出典：BNL「予防医学研究者・石川善樹が考える、人生100年時代のキャリア論」
https://bnl.media/2017/01/ishikawa-career.html

図8　「分野」と「スキル」のマトリックス

これを防ぐためには、一定の期間で仕事をリセットすることが重要になってきます。

これは単純に「転職すればいい」とか「副業をすればいい」といった問題ではありません。転職しても同じようなスキルが求められる同じような職種であれば、チャレンジのレベルは低下してしまい、コンフォートゾーンから抜けることはできません。

「分野」と「スキル」のマトリックス

このとき、意識してみるといいのが「分野」と「スキル」のマトリックスです（図8）。ちなみにこのマトリックスは筆者のオリジナルではなく、前述した予防医学者の石川善樹によるものであることをお断りしておきます。

たとえ転職を繰り返していたとしても、それが「同じ業界（分野）」「同じスキル」のマトリックス内で、ただ会社を変わるだけだということであれば、「退屈」ゾーンから抜け出すことはできません。

ではどうするか。

いきなり「違う業界」「違うスキル」のマトリックスにチャレンジすれば、おそらく「強い不安」ゾーンに返り咲くことはできますが、これはストレスレベルが高すぎて心身にあまり良い影響を与えませんし、そもそものような人材を雇ってくれるかどうかが不安です。

ということで、まずは「違う業界」×「同じスキル」か「同じ業界」×「違うスキル」を目指すことになりますが、この場合、**基本は「同じ業界」×「違うスキル」でのチャレンジをいくつか繰り返し、スキルの幅が広がってから「違う業界」×「同じスキル」に移動する、**というのが良いように思います。

学びの量は失敗の回数に正相関する

このような移動を繰り返せば、そこには当然のことながら「失敗」が付きまとうことになります。一般に、失敗は完全にネガティブなことであって、避けられるものであれば避けた方がいいと考えられがちですが、これは完全に誤った考え方です。

極論すれば、セカンドステージにおける学びの量は失敗の回数にそのまま正相関すると言ってもよいくらいです。

アマゾンは創業以来70以上の事業に新規参入していますが、およそその3分の1は失敗して撤退しています。チャレンジして失敗してその学びを次のチャレンジに活かす、というサイクルを高速で回しているからこそ、新規事業の成功確率をどんどん高めることができるのです。

これは個人でも同様に言えることです。

セカンドステージにおける失敗の経験が「どうすると失敗するのか」「失敗するときのポイントはなにか」という学びにつながり、これはチャレンジする際の心理的な抵抗感、つまり「失敗してしまうのではないか」という恐れを低減させる要素となります。

何度も繰り返して失敗すれば、「こういうときはヤバい」という失敗の勘所が身につきます。この勘所をセカンドステージでつかむことが重要なのです。なぜなら、サードステージに入ると、失敗のダメージが非常に大きくなってしまうからです。

失敗のダメージが小さいセカンドステージでたくさんチャレンジし、自分なりの「失敗のマニュアル」を作ってしまうことで、サードステージにおいて大胆なチャレンジができる、つまり「自分はどこでもやっていける」という自信の形成につながるのです。

安定は不安定、不安定は安定

セカンドステージにおいて、どれだけチャレンジして良質な失敗体験を積めるかが、その後の人生での自信につながる、という話をしました。

なかには、そのような人生は安定を欠いていて不安だと感じる方もいるかも知れません。確かに、来年も間違いなく存在しているであろうと思われる職場での仕事を捨てて、不安定な立場に身を投げ出すことに不安を感じない人はいません。

ここでは寿命１００年時代の「安定」と「不安定」という問題について考えてみましょう。数年ごとに新しい仕事にチャレンジしていくような人生は、確かに「不安定」に見えるかも知れませんが、常に不安定であることは、逆に安定していると考えることもできます。

ＮＥＣの社長を務めた小林宏治は、後進の経営者のために「経営十か条」を残していますが、そのうちの一つで「安定な企業は不安定で、不安定な企業は安定であると心得よ」と述べています。

顧客の離反や競合の攻勢などがしょっちゅう起きている企業は「不安定」に見えるかも知れないが、だからこそ兜の緒を緩めることなく、常に緊張状態でいられるゆえに虚をつかれることもなく、実はかえって「安定」である。逆に、一見すれば波風の立たない平穏な業界にいる企業は「安定」しているようだが、ひとたび規制緩和や環境変化が起これば、たちどころにバランスを崩してしまう「不安定」な企業である、という指摘です。

これは地震のメカニズムと類似しています。

地震は、地下に蓄積されたエネルギーが一気に放出されることで発生しますが、まったく地震がないという安定状態が長くなればなるほど、歪みは大きくなり、地震の被害もまた大きくなります。逆に、エネルギーが小出しにされて、しょっちゅう小さな地震が起きているような状況であれば、大きな歪みは生まれません。

つまり、安定しているように見える状態であればあるほど、実は内部に歪みのエネルギーが蓄積されており、破壊的な不安定さが一挙に襲ってくる可能性が高まる、ということです。

この指摘は、人生にも同様に当てはめて考えることができます。常にチャレンジし、失敗を経験することで良質な結晶性知能が蓄積されれば、そのような知能や経験は、その人が世の中を生き抜いていく上で大きな武器になるでしょう。

一方で、退屈ゾーンやリラックスゾーンにとどまったまま、大きな失敗もなくセカンドステージを生きていれば、安定してはいるかも知れませんが、環境変化に対して脆弱な、不安定な人生になってしまう可能性があります。

けっして誤ることのないのは何事もなさない者ばかりである。生きたる真理のほうへ邁進する誤謬は、死んだ真理よりもいっそう豊饒である。

ロマン・ロラン『ジャン・クリストフ』

逃げる勇気

セカンドステージにおけるチャレンジを阻害する最大の要因の一つが「逃げてはいけない」という信条です。

世の中では一般的に「一度やり始めたことはやり遂げるべきだ」と考えられているようで

すが、これは嘘だとは言わないものの、とてもミスリーディングな命題です。実際には、その仕事をやり遂げることに拘《こだわ》ることで、かえって自分の居場所を見つけにくくなるという側面もあります。

この問題を考察する素材として、京都大学教授の山口栄一による著書『イノベーションはなぜ途絶えたか』から、ノーベル賞を受賞した山中伸弥のキャリアに関する考察を引きます。

山中は、スポーツ整形外科医を夢見て87年から整形外科研修医として勤務するものの、2年で挫折して基礎医学を学ぶため薬理学研究科に入学する。しかし、伝統的な薬学にも強いフラストレーションを抱いて、ここでも挫折する。

とはいえ山中は、薬理学の研究の最中にノックアウト・マウス（遺伝子の機能を推定するために、特定の遺伝子を不活性化させたマウス）に出会って衝撃を覚え、ここに新しいブレークスルーへの道があることを直感する。

そこで、博士号取得後93年に米国のグラッドストーン研究所に留学して、ゼロから分子生物学を勉強する。ほどなく自ら見つけたNATＩというガン遺伝子をつぶしたES細胞を培養したところ、多様な種類の細胞に分化する能力が失われることを発見。道具にすぎなかったES細胞そのものに初めて興味を持った。

96年に帰国後は、大阪市立大学医学部助手になってES細胞の研究をゼロから始める。当時、ES細胞研究の主流は前述のように分化の研究で「ES細胞からどんな細胞をつくったか」を世界中の研究者が競い合っていた。

ところが山中は「受精卵から培養した生きた胚からではなく、遺伝子データベースからES細胞と同じような細胞を作る」という、まだ誰もやっていない研究に着手する。できるかどうかわからない。けれど、もしできれば、受精卵を使うという倫理問題と免疫拒絶問題の両方をクリアできる。できなければ、科学者をあっさりあきらめて町医者をやる。99年に奈良先端科学技術大学院大学に助教授として就任したときの覚悟だった。

こうして高橋和利（1977〜　）のアイデアを得ながら、2006年に遺伝子データベースの中から4つの遺伝子を選び、ウィルスを使って取り出した細胞に入れ込むと、どのような組織にも分化可能な細胞、すなわちiPS細胞になることを発見した。京都大学に教授として移ってほどなくのことだった。

2012年にイギリスの生物学者ジョン・ガードン（1933〜　）とともにノーベ

ル生理学・医学賞を受賞した山中のこの業績は、イノベーション・ダイヤグラム上では大変重要なジャンプを呈していることがわかる。発生学が持つパラダイムを破壊したこの達成は、生命情報科学という異なる学問領域から土壌の中に下り立ち、しかも旧来の発生学とはまったく異なる新しい学問領域を築いた。

山中は挫折を繰り返しながら、孤独の中で「臨床整形外科→薬理学→分子生物学→ガンの研究→ES細胞の研究」と、さまざまな分野を遍歴した。iPS細胞の発見は、「回遊」をした果ての「創発」である。

とはいえそれでも、一つの研究分野に腰を落ち着けずに次々に専門領域を変える自分の将来に底知れぬ不安を覚え、たまたま聴講した利根川進（1939〜　）の講演会で、その不安を告げた。すると、利根川はこう答えたという。

「研究の継続性が大事だなんて、誰がそんなんいうたんや。面白かったら自由にやったらええやんか」。

この言葉に、「回遊」による「知の越境」の本質が宿っていると私は思う。

山口栄一『イノベーションはなぜ途絶えたか』

山中先生が最初に目指したキャリアはスポーツ整形外科医でした。ですが、これは自分にむいていないと考えて、2年後にはキャリアを転向しています。

2年……結構短いな、というのが多くの人の印象ではないでしょうか。手術がド下手だったとか、色々と言われていますが、「2年で見切る」というのも、一つの勇気だと思うのです。これが、筆者の言う**「逃げる勇気」**です。

その後、薬理学の世界に身を転じた山中先生は、ここでも挫折してしまう。しかしこのとき、のちの研究につながる仮説を得てもいる。

挫折して逃げる。ただし、タダでは逃げない。そこから**盗めるものはできるだけ盗んで、次のフィールドで活かす。**そして**フィールドを越境して移動しているからこそ、知識や経験の多様性が増加し、これが、やがてユニークな知的成果の創出につながる。**

もしこのとき、世の中によくいる「努力は報われる」「石の上にも3年」などという価値観の人から諭され、転身を思いとどまっていたら、山中先生のノーベル賞受賞はなかったかも知れません。

新しい仕事を始める際に、「せめて3年くらいは頑張らないと」とよく言われますが、この山中先生の事例は、そういう御託に対する強烈なアンチテーゼになっています。

いま、それなりに頑張っているけれども、どうもしっくりこない、なにか違う気がする、という思いが拭えない人は、一度じっくり、もしかしたらそれは頑張っているのではなくって、単に「逃げる勇気、負ける技術」がないからなのではないか、と考えてみてはいかがでしょうか。

世の中にはただ面倒臭い位な単純な理由でやめることのできないものがいくらでもあるさ。

夏目漱石『道草』

最終章　本書のまとめ

ここまで「劣化するオッサン社会とその処方箋」という問題について、様々な考察を重ねてきましたが、ここで本書の主要なメッセージをまとめて確認してみたいと思います。

1：組織のトップは世代交代を経るごとに劣化する
2：オッサンは尊重すべきだという幻想を捨てよう
3：オピニオンとエグジットを活用してオッサンに圧力をかけよう
4：美意識と知的戦闘力を高めてモビリティを獲得しよう

1：組織のトップは世代交代を経るごとに劣化する

人材の質を一流、二流、三流と分けた場合、もっとも出現率が高いのは三流です。企業を起業し、成長させることは一流の人材にしかできないことですが、組織が成長し、人員が増加すればするほど、採用のエラーや人材の枯渇といった要因から三流の人材が増えることになります。

その上でさらに、二流の人間は一流の人間を見抜けますが、三流の人間は一流の人間を見抜けず、二流の人間は一流にコンプレックスを抱えていてこれを疎んじるため、一度でも二流の人材がトップにつけば、以降、その組織のトップに一流の人材がつくことはなく、人材のクオリティは世代交代のたびに三流の平均値へと収斂していくことになります。

組織の人材クオリティが、世代交代を経るごとにエントロピー増大の影響を受けて三流の平均値に収斂するということは、長く続いている大企業であればあるほど、リーダーシップのクオリティが劣化している確率が高いということです。

2018年6月、1896年の開始以来、ダウ平均株価の構成銘柄であり続けた最後の企業であるGEが、ついにそこから外れ、話題となりました。

ダウ平均株価を構成する30の企業には、その時代のアメリカ経済を代表するような企業が選ばれ、必要に応じて入れ替えられてきましたが、GEを最後に、開始以来選ばれている企業がなくなったのです。現象面だけからいえば、100年以上にわたって「代表的な企業」であり続けることは不可能だということなのでしょう。

このメカニズムにより、なぜ劣化したオッサンが組織の上層部に居座るようになるのかが理解できると思います。

2：オッサンは尊重すべきだという幻想を捨てよう

かつて人類は、「何百年ものあいだ、ライフスタイルがほとんど変わらない」という時期を過ごしてきました。このような社会であれば、オッサンたちが有する過去の経験や知識は、コミュニティや組織の存続にとって貴重で重要なものであり、したがって、社会において「長く生きている」人々が尊重されたのも合理的であったと思われます。

しかし、現在のように環境変化が早く、過去の知識や経験の陳腐化がどんどん進む社会では、単に「長く生きている」ことの価値は減少していくことになります。それどころか、「昔とった杵柄《きねづか》」よろしく、不良資産化した知識や経験を振り回すようになれば、むしろ老害をなす存在にすらなってしまいます。

そして実際に、そのような「権力だけは与えられたけれども、まともな知性を育んでこなかった」オッサンたちが、この国の各所でポジションにしがみつき、本書の冒頭で掲げたような不祥事を起こし、配下の中堅・若手を振り回して彼らの人生を無為に消耗させています。

このような社会にあって、私たちは、単に年長者だからというだけの理由で、その人を尊重し、彼らの意見や行動に対して、おもねって従う理由はまったくありません。

重要なのは、その人の意見や行動が、自分の判断基準に照らして「真・善・美」であるかどうかということであり、もしそうでないのであれば、別に恭順する必要はありません。むしろより積極的に、これを攻撃・否定することが求められます。

3：オピニオンとエグジットを活用してオッサンに圧力をかけよう

劣化したオッサンがここまで大量に出現した最大の理由は、配下の中堅・若手からのフィードバックの欠如です。学習のためにはフィードバックが不可欠ですが、劣化したオッサンたちはこれまでの人生でまともなフィードバックを受けていないため、ここまで劣化してしまったのだと考えられます。

では、どのようなフィードバックが有効なのか。

カギはオピニオンとエグジットの二つを活用することです。

オピニオンとは、自分がおかしい、間違っていると思ったときにはそれを声に出して意見する、ということです。エグジットとは、オピニオンによって状況が改善しない場合、その場所から退出するということです。

逆にいえば、オピニオンもエグジットもしないということは、権力者の言動を支持しているということでもあります。

一連の不祥事を起こした企業に身を置きながら、オピニオンもエグジットもせず、ただダラダラとその日の糧を得ているということは、これらの不祥事に自分もまた加担し、それらを主導した権力者を支持している、ということにほかなりません。

もちろん、本人としては致し方なくそのようにせざるを得ない、という事情があるのかも知れませんが、そのような状態に甘んじてしまうことはとても危険です。なぜなら、長い年月にわたってそんな状態を続けていれば、自分自身が「劣化したオッサン」になってしまうことは、間違いないからです。

4：美意識と知的戦闘力を高めてモビリティを獲得しよう

では、そのような状態を避けるためにはどうすればよいのか。

キーワードは「モビリティ」です。

どこでも生きられる、誰とでも働けるという自信が、オピニオンとエグジットの活用へとつながり、これが権力を牽制する圧力となります。

本書で繰り返し指摘してきたとおり、モビリティを高めるためには「会社以外で通用するスキル」と「会社の外に開かれたネットワーク」が重要になってきます。

では、どのようにしてこの二つを獲得し、育てることができるか。

カギは「良質な仕事体験」と「社外での活動」ということになるでしょう。

社外でも通用するようなスキルや知識の獲得は、良質な業務体験と良質なコーチングによってなされます。メンバーの立場として、これら二つをコントロールすることはそれほど簡単なことではありませんが、できる限り良質で大変な仕事を、なるべく優秀で見識のある上司とやる、というのが基本的な戦略になります。

その上で、自分の仕事体験が、難易度とスキルの釣り合ったものになっているかどうかのチェックを定期的に行いましょう。

チクセントミハイのフロー理論を思い出してください。人の能力は、タスクの難易度とスキルが適度に釣り合った「フロー」に入ったときにはじめて開発されます。

しかし、日本では、多くの人がタスクの難易度も低く、スキルのレベルも低い「無気力」のゾーンで仕事をしている。長いこと「無気力」の領域で仕事をしていれば、スキルも開発されず、そもそもチャレンジができないような状態に追い込まれることになるので注意が必要です。

また、会社の外に開かれたネットワークを構築するには、「社外での活動量」を増やすしかありません。

よく、社外での人脈を増やすことを目的にして、異業種交流会などに出席している人がいますが、個人的にはあまり効果がないのではないか、と思っています。なぜなら、仕事の契機につながるような意味のある人脈は、単にパーティで名刺交換した程度のつながりでは作り出せないからです。

その人の信用というのは、ストレスのかかる状況下で、どのような判断や言動を取るかを観察しなければ、生まれません。そのような状況下でも、人として「真・善・美」にのっとった判断や行動ができる人だ、ということがわかれば、その人の信用の貯金口座には新たな振り込みがされることになります。そして、この**「ストレスのかかった状態」というのは、やはり仕事を通じてしか得られません。**

これが、筆者が異業種交流会などの効果に懐疑的な理由です。

オッサンが輝かないと社会は良くならない

さて、これまでさんざっぱら「オッサン」をディスってきた本書ですが、最後にオッサンにもエールを送りたいと思います。

というのも、**オッサンが輝いていない社会はやはり暗いものにならざるを得ない**だろうと思うからです。

19世紀に活躍した米国の詩人、ウォルト・ホイットマンが、次のような詩を書いています。

「青春」、でっかくて、元気が良くて、愛情いっぱい……優美さと、力強さと、魅力で溢れそうな青春よ、君は知っているか、「老年」がおそらくは君に劣らぬ優美さと力強さと魅力をそなえて、君のあとからやってくるのを。

ホイットマン「青春、昼、老年、そして夜」

「青春」は確かに素晴らしいものでしょう。しかし「青春」以後、人生が終末に向けてただ下降線をたどっていくだけのものであったとしたら、当のその「青春」ですら、明るいものではなくなってしまうのではないでしょうか。

人生が100年になんなんとする時代にあって、壮年から老年にかけての時期が素晴らしいものでないとしたら、私たちの人生はとても暗いものになってしまうでしょう。

人生におけるサードステージが輝かしいものだからこそ、セカンドステージの人々はそこを見据えて様々な経験や知識という肥やしを前向きな気持ちで得て、フォースステージの人々は心安らかに人生を振り返りながら、余生を送ることができる。

だからこそ、社会的な意義として「オッサンは輝かなくてはいけない」と思うのです。

どうすれば輝けるか

しかし一方で、本書でこれまで考察してきたとおり、単に「年を食っている」というだけで尊重され、なんらかの権力が与えられる時代はもうすぐ終わることになります。

オッサンになりさえすれば、それなりの重職が与えられ、発言力も権力も経済的なパワーも発揮でき、それなりに「輝けた」時代は、もう終わりました。昨今のオッサンによる不祥事や不始末は、そのような時代の終焉に対して、ルサンチマンを爆発させているオッサンたちによって引き起こされていると考えられます。

では「オッサン」はどのようにすれば輝けるのか。

本書ですでに述べたとおり、自分の持つ人脈・金脈・知識・経験を後進の支援のために用いる、いわゆるサーバントリーダーシップの発揮というのは一つの道かも知れません。

あるいはまた、なんらかの学び直しにより、自分自身の社会的な位置づけをパラダイムシフトするということも考えられるでしょう。

50歳を過ぎて学び直しなんて……と思われる方もいるかも知れませんが、そんなことはありません。今日では偉大な画家とされているアンリ・ルソーが本格的に絵画を描き始めたのは、税関職員を退職した50歳以降のことですし、『ナニワ金融道』で知られる漫画家の青木雄二氏はデザイン会社の経営者を務めたあと、45歳でデビューしています。しかも現在は、なにかを学ぼうと思えばいくらでも学ぶことができる環境が整備されている時代です。

これまで、私たちの人生は、おおよそ20歳前後までの学びをもとに、60歳まで仕事をするというモデルが前提となっていました。しかし寿命が１００年になる時代には、多くの人が80歳まで働くことになるわけですから、人生のどこかで学び直しが必要になることは間違いありません。

なにかを始めるのに遅すぎることはない

なにかをやりたいやりたいといつも言っているくせに、結局はなにも始めない人に共通しているのが「もう遅すぎる」という言い訳です。そうやって自分を慰めているのかも知れませんが、人生が１００年になるということは、先述したとおり「２倍生きる」ということですから、なにかを始めるのに遅すぎるということはあり得ません。

江戸時代の国学者、本居宣長は、本業である医師を続けながら、生涯にわたって独学を続けた人物ですが、その宣長が、弟子から請われて認《したた》めた「学びの心得」に関するメモに、次のような一節があります。

されば才のともしきや、学ぶ事の晩《おそ》きや、暇《いとま》のなきやによりて、思ひくづをれて、止ることなかれ。とてもかくても、つとめだにすれば、出来る者と心得べし。

本居宣長『うひ山ぶみ』

自分には才能がないからとか、もう学ぶには遅いとか、暇がないからとか、そういう理由で学ぶことを止めてしまってはいけない、とにかく続けていればなんとかなります、といった意味でしょうか。

宣長のこのアドバイスを読んで、心当たりのない中高年はいないのではないでしょうか。誰もが「学び」の重要性には気づいているものの、どこかに逃げたい気持ちがあるからです。

しかし、本書でこれまでに何度も確認してきたとおり、私たちはこれから「学び直し」が当たり前になる世界を生きることになります。

学生時代に学び、就活ゴール以降、学びは終了というモデル、つまり「学ぶ」と「働く」がシーケンシャルに連結される人生モデルがこれまで一般的だった日本ですが、今後は「学ぶ」と「働く」がパラレルに動く人生モデルが主流になっていくでしょう。

そしてまた、「学ぶ」ということは、本質的な意味での「若さ」を保つ秘訣でもあります。なににでも好奇心を示し、新しいことをどん欲に学び続けようとする人は、一生「老いる」ということがありません。

本書冒頭に記した米国の詩人、サミュエル・ウルマンの「青春」から、もう一度引いて本書を閉じることにしましょう

青春とは人生の或る期間を言うのではなく、心のありさまを言う。
優れた創造力、逞しき意志、炎ゆる情熱、怯えをしりぞける勇気、安易を振り捨てる冒険心、これを青春と言う。
年を重ねただけで人は老いない。理想を失う時に初めて人は老いる。

サミュエル・ウルマン「青春」

年をとっただけで「老いる」ということはありません。つまり「オッサン」というのは、好奇心を失い、謙虚さも失い、驚きながら学び続けるという姿勢を失ってしまった人たちのことを言うのです。

本書では「劣化するオッサン社会の処方箋」をつらつらと述べてきましたが、最もシンプルかつ重要な処方箋は、私たちの一人ひとりが、謙虚な気持ちで新しいモノゴトを積極的に学び続ける、ということになると思います。

参考文献（順不同）

佐々木紀彦『日本3・0　2020年の人生戦略』幻冬舎、2017年
橘玲『幸福の「資本」論　あなたの未来を決める「3つの資本」と「8つの人生パターン」』ダイヤモンド社、2017年
竹内洋『教養主義の没落　変わりゆくエリート学生文化』中公新書、2003年
浅田彰『構造と力　記号論を超えて』勁草書房、1983年
ヘンリー・ミンツバーグ著、池村千秋訳『MBAが会社を滅ぼす　マネジャーの正しい育て方』日経BP社、2006年
細谷功『会社の老化は止められない』日経ビジネス人文庫、2016年
都築卓司『新装版　マックスウェルの悪魔　確率から物理学へ』講談社ブルーバックス、2002年
大野和基インタビュー・編『未来を読む　AIと格差は世界を滅ぼすか』PHP新書、2018年
山口周『世界のエリートはなぜ「美意識」を鍛えるのか？　経営における「アート」と「サイエンス」』光文社新書、2017年
中根千枝『タテ社会の人間関係　単一社会の理論』講談社現代新書、1967年
リンダ・グラットン、アンドリュー・スコット著、池村千秋訳『LIFE　SHIFT（ライフ・シフト）　100年時代の人生戦略』東洋経済新報社、2016年

G・ホフステード著、岩井紀子・岩井八郎訳『多文化世界　違いを学び共存への道を探る』有斐閣、１９９５年
山口周『世界で最もイノベーティブな組織の作り方』光文社新書、２０１３年
トーマス・クーン著、中山茂訳『科学革命の構造』みすず書房、１９７１年
マックス・ヴェーバー著、大塚久雄訳『プロテスタンティズムの倫理と資本主義の精神』岩波文庫、１９８９年
ジェームズ・M・クーゼス、バリー・Z・ポズナー著、関美和訳『リーダーシップ・チャレンジ［原書第五版］』海と月社、２０１４年
マックス・ヴェーバー著、脇圭平訳『職業としての政治』岩波文庫、１９８０年
山本七平『人望の研究　二人以上の部下を持つ人のために』祥伝社ノン・セレクト、２００９年
山口周『武器になる哲学　人生を生き抜くための哲学・思想のキーコンセプト50』ＫＡＤＯＫＡＷＡ、２０１８年
ジェフリー・フェファー著、村井章子訳『「権力」を握る人の法則』日経ビジネス人文庫、２０１４年
Horn, J. L., & Cattell, R. B. (1967). *Age differences in fluid andcrystallized intelligence. Acta Psychologica*, 26, 107-129.
ロバート・K・グリーンリーフ著、ラリー・C・スピアーズ編集、金井壽宏監修、金井真弓訳『サ

ーバントリーダーシップ』英治出版、2008年
西堀栄三郎『新版　石橋を叩けば渡れない』生産性出版、1999年
プロジェクトX〜挑戦者たち〜「執念が生んだ新幹線〜老友90歳・飛行機が姿を変えた〜」NHK、2000年
ナシーム・ニコラス・タレブ著、望月衛監訳、千葉敏生訳『反脆弱性　上・下』ダイヤモンド社、2017年
サンドラ・ジョンソン、キャスリン・テイラー編著、川口大輔・長曽崇志訳『脳科学が明らかにする大人の学習』ヒューマンバリュー、2016年
M・チクセントミハイ著、浅川希洋志・須藤祐二・石村郁夫訳『クリエイティヴィティ　フロー体験と創造性の心理学』世界思想社、2016年
モイセス・ナイム著、加藤万里子訳『権力の終焉』日経BP社、2015年
M・チクセントミハイ著、大森弘訳『フロー体験とグッドビジネス　仕事と生きがい』世界思想社、2008年
山口栄一『イノベーションはなぜ途絶えたか　科学立国日本の危機』ちくま新書、2016年

山口周（やまぐちしゅう）
1970年東京都生まれ。慶應義塾大学文学部哲学科卒業、同大学院文学研究科美学美術史学専攻修士課程修了。電通、ボストン・コンサルティング・グループ等を経て、組織開発・人材育成を専門とするコーン・フェリー・ヘイグループに参画。現在、同社のシニア・クライアント・パートナー。専門はイノベーション、組織開発、人材／リーダーシップ育成、キャリア開発。著書に『グーグルに勝つ広告モデル』（岡本一郎名義）『天職は寝て待て』『世界で最もイノベーティブな組織の作り方』『外資系コンサルの知的生産術』（以上、光文社新書）、『外資系コンサルのスライド作成術』（東洋経済新報社）、『知的戦闘力を高める　独学の技法』（ダイヤモンド社）、『武器になる哲学』（KADOKAWA）など。『世界のエリートはなぜ「美意識」を鍛えるのか？』（光文社新書）でビジネス書大賞2018準大賞を受賞。

劣化《れっか》するオッサン社会《しゃかい》の処方箋《しょほうせん》 なぜ一流《いちりゅう》は三流《さんりゅう》に牛耳《ぎゅうじ》られるのか

2018年9月30日初版1刷発行

著　者 —— 山口周
発行者 —— 田邉浩司
装　幀 —— アラン・チャン
印刷所 —— 堀内印刷
製本所 —— 榎本製本
発行所 —— 株式会社光文社
東京都文京区音羽1-16-6（〒112-8011）
https://www.kobunsha.com/
電　話 —— 編集部03（5395）8289 書籍販売部03（5395）8116
業務部03（5395）8125
メール —— sinsyo@kobunsha.com

 ISBN 978-4-334-04373-5

953
知の越境法
「質問力」を磨く
池上彰
森羅万象を嚙み砕いて解説し、選挙後の政治家への突撃取材でお馴染みの池上彰。その活躍は〝左遷〟から始まった。領域を跨いで学び続ける著者が、一般読者向けにその効用を説く。
978-4-334-04359-9

954
警備ビジネスで読み解く日本
田中智仁
警備ビジネスは社会を映す鏡――。私たちは、あらゆる場所で警備員を目にしている。だが、その実態を知っているだろうか？「社会のインフラ」を通して現代日本の実相を描き出す。
978-4-334-04360-5

955
残業の9割はいらない
ヤフーが実践する幸せな働き方
本間浩輔
あなたの残業は、上司と経営陣が増やしている。「1 on 1」「どこでもオフィス」など数々の人事施策を提唱してきたヤフー常務執行役員が「新しい働き方」と「新・成果主義」を徹底解説。
978-4-334-04361-2

956
私が選ぶ名監督10人
采配に学ぶリーダーの心得
野村克也
川上、西本、長嶋、落合…監督生活24年の「球界の生き証人」が10人の名将を厳選し、「選手の動かし方」によって5タイプに分類。歴代リーダーに見る育成、人心掌握、組織再生の真髄。
978-4-334-04362-9

957
地上最大の行事　万国博覧会
堺屋太一
六四二一万人の入場者を集め、目に見える形で日本を変えた70年大阪万博の成功までの舞台裏を、その総合プロデューサーであった著者が初めて一冊の本として明かす！
978-4-334-04363-6

958
一度太るとなぜ痩せにくい？
食欲と肥満の科学
新谷隆史

いつか痩せると思っていても、なかなか痩せられない……。肥満傾向のある人、痩せられない人のために最新の知見を報告。健康に生きるヒントを伝える。【生物学者・福岡伸一氏推薦】

978-4-334-04364-3

959
アップルのリンゴはなぜかじりかけなのか？
心をつかむニューロマーケティング
廣中直行

商品開発は、今や「脳」を見て無意識のニーズを探る科学の時代だ。「新奇性と親近性」、「計画的陳腐化」、「単純接触効果」、「他者の力」。認知研究が導いたヒットの方程式を大公開。

978-4-334-04365-0

960
松竹と東宝
興行をビジネスにした男たち
中川右介

歌舞伎はなぜ松竹のものなのか。宝塚歌劇をなぜ阪急が手がけているのか。演劇を近代化した稀代の興行師、白井松次郎・大谷竹次郎兄弟と小林一三の活躍を中心に描いた、新たな演劇史。

978-4-334-04366-7

961
フランス人の性
なぜ「#MeToo」への反対が起きたのか
プラド夏樹

高齢者であってもセックスレスなどあり得ない。子どもに8歳から性教育を施す。大統領も堂々と不倫をする。「性」に大らかな国・フランスの現在を、在仏ジャーナリストが描く。

978-4-334-04367-4

962
土　地球最後のナゾ
100億人を養う土壌を求めて
藤井一至

世界の土はたった12種類。毎日の食卓を支え、地球の未来を支えてくれる本当に「肥沃な土」は一体どこにある？　泥にまみれた研究者が地球を巡って見つけた、一綴りの宝の地図。

978-4-334-04368-1

光文社新書

963
もしかして、私、大人のADHD？
認知行動療法で「生きづらさ」を解決する
中島美鈴

ADHD（注意欠如・多動症）とは、先天的な発達障害のひとつ。最近の研究で、大人になってもADHDの症状が残ることがわかってきた。最新の知見と対処法のエッセンスを伝える。

978-4-334-04369-8

964
品切れ、過剰在庫を防ぐ技術
実践・ビジネス需要予測
山口雄大

「いつどれくらい売れるのか？」を予測し、適切な量と頃合いでの商品供給を可能にする、製造業には欠かせない「需要予測」の技術を実践的に学ぶ。明日からすぐに役に立つ！

978-4-334-04370-4

965
〈オールカラー版〉
究極のお洒落はメイド・イン・ジャパンの服
片瀬平太

流行、ブランド、品質、値段……。本当に身になるファッションは何か。結論は「日本製服飾品」だった！ 日本中を駆け廻る徹底取材でメイド・イン・ジャパンの真の魅力を明らかに。

978-4-334-04371-1

966
オリンピックと東京改造
交通インフラから読み解く
川辺謙一

首都高、東海道新幹線、モノレール、羽田空港。1964年の五輪に合わせて多くのインフラが整備された。「未成熟な巨人」といわれた東京は、五輪とともにいかにして発展してきたのか。

978-4-334-04372-8

967
劣化するオッサン社会の処方箋
なぜ一流は三流に牛耳られるのか
山口周

近年相次ぐ、いいオトナによる下劣な悪事の数々は必然的に起きている——ビジネス書大賞2018準大賞受賞著者による、日本社会の閉塞感を打ち破るための画期的な論考！ 緊急出版。

978-4-334-04373-5